O PAVILHÃO DOS PADRES

DACHAU 1938-1945

Proibida a reprodução total ou parcial em qualquer mídia
sem a autorização escrita da editora.
Os infratores estão sujeitos às penas da lei.

A Editora não é responsável pelo conteúdo deste livro.
O Autor conhece os fatos narrados, pelos quais é responsável,
assim como se responsabiliza pelos juízos emitidos.

Publicado por um acordo especial com as Éditions Tallandier em conjunto
com seu devido agente e coagente L'Autre Agence e Villas-Boas & Moss Agência Literária.

Consulte nosso catálogo completo e últimos lançamentos em **www.editoracontexto.com.br**.

GUILLAUME ZELLER

O PAVILHÃO DOS PADRES

DACHAU 1938-1945

Tradução
Julia Fervenza
Patrícia Reuillard

La baraque des prêtres: Dachau, 1938-1945
Copyright © Éditions Tallandier, 2015

Direitos de publicação no Brasil adquiridos pela
Editora Contexto (Editora Pinsky Ltda.)

Montagem de capa e diagramação
Gustavo S. Vilas Boas

Preparação de textos
Lilian Aquino

Revisão
Bia Mendes

Dados Internacionais de Catalogação na Publicação (CIP)
Andreia de Almeida CRB-8/7889

Zeller, Guillaume
Pavilhão dos padres : Dachau, 1938-1945 / Guillaume Zeller; tradução de Julia Fervenza e Patrícia Reuillard. – São Paulo : Contexto, 2018.
240 p.

Bibliografia
ISBN 978-85-520-0046-4
Título original: La baraque des prêtres: Dachau, 1938-1945

1. Guerra Mundial, 1939-1945 – Campos de concentração
2. Guerra Mundial, 1939-1945 – Prisioneiros e prisões alemãs
3. Dachau (Campo de concentração) 4. Sacerdotes – Perseguição nazista I. Título II. Fervenza, Julia
III. Reuillard, Patrícia

18-0222   CDD 940.531

Índice para catálogo sistemático:
1. Guerra Mundial, 1939-1945 – Prisioneiros e prisões

2018

Editora Contexto
Diretor editorial: *Jaime Pinsky*

Rua Dr. José Elias, 520 – Alto da Lapa
05083-030 – São Paulo – SP
PABX: (11) 3832 5838
contexto@editoracontexto.com.br
www.editoracontexto.com.br

À Fanny.
Em memória do abade René de Naurois (1906-2005),
capelão do Comando Kieffer,
condecorado com a Ordem da Libertação.

SUMÁRIO

Cronologia 9
Planta de Dachau 11
Introdução 13

PRIMEIRA PARTE
UM CAMPO PARA OS SACERDOTES

Os precursores 19
A centralização 31
A maior diocese da Europa 43
Organização do campo 53
Chegada a Dachau 63
Blocks e *Kommandos* 71
Ocupações 81

SEGUNDA PARTE
TERRA DE DESAMPARO

A fome 93

A morte em Dachau 101

O tifo 109

O ódio anticristão 117

As experiências médicas 131

"Transporte de inválidos" 141

TERCEIRA PARTE
UM LAR ESPIRITUAL

Uma capela em Dachau 151

A eucaristia 159

A vida sacramental 169

A libertação 177

Os frutos de Dachau 189

Testemunhas e bem-aventurados 201

Conclusão 213

Notas 217

Fontes 231

Agradecimentos 235

O autor 237

CRONOLOGIA

- **22 de março de 1933:** Abertura do campo de Dachau.
- **1938:** Chegada dos primeiros sacerdotes vindos da Áustria.
- **Dezembro de 1940:** Agrupamento dos religiosos em Dachau.
- **14 de dezembro de 1940:** 525 sacerdotes chegam de Mauthausen.
- **21 de janeiro de 1941:** Primeira missa na capela.
- **1º de fevereiro de 1941:** Severas punições contra os sacerdotes do *Kommando* da neve.
- **10 de março de 1941:** Início dos "privilégios".
- **Setembro de 1941:** Fim dos "privilégios", exceto para os sacerdotes alemães reunidos no pavilhão 26. O padre Ohnmacht substitui o padre Prabucki como veterano dos religiosos.
- **30 de outubro de 1941:** Chegada de um comboio de 487 religiosos poloneses.
- **9 de janeiro de 1942:** Enforcamento dos padres Pawlowski e Grelewski.
- **28 de março de 1942:** Início das perseguições da "Semana Santa".

- **19 de abril de 1942:** Os religiosos não alemães sem atividade se unem aos *Kommandos* da plantação.
- **Primavera de 1942:** Início dos "transportes de inválidos".
- **Setembro a dezembro de 1942:** As experiências médicas atingem o pico de sua atividade.
- **Outubro de 1942:** Os pacotes individuais são autorizados.
- **28 de outubro de 1942:** Os sacerdotes, com exceção dos alemães, são privados de lanche durante quatro semanas.
- **Novembro de 1942:** Início das experiências com o fleimão.
- **19 de dezembro de 1942:** Os religiosos de todas as nacionalidades são agrupados no pavilhão 26, exceto os poloneses e lituanos.
- **Dezembro de 1942:** Epidemia de febre tifoide e quarentena.
- **26 de janeiro de 1943:** Falecimento do Monsenhor Michal Kozal.
- **14 de março de 1943:** Interrupção da quarentena.
- **16 de março de 1943:** O padre Schelling substitui o padre Ohnmacht como veterano do campo.
- **Primavera de 1943:** Início das "atividades de lazer" e dos eventos esportivos.
- **Verão de 1944:** Chegada de numerosos religiosos franceses. Os sacerdotes poloneses são tolerados na capela.
- **14 de março de 1944:** Os sacerdotes são enviados aos *Kommandos* postais.
- **30 de março de 1944:** Os religiosos têm de abandonar todos os seus postos na enfermaria.
- **12 de novembro de 1944:** O campo de Dachau é declarado uma forania pelo arcebispo de Munique.
- **Dezembro de 1944:** Início da epidemia de tifo.
- **17 de dezembro de 1944:** Ordenação sacerdotal de Karl Leisner.
- **26 de abril de 1945:** Evacuação parcial do campo; os religiosos alemães se unem ao "comboio da morte".
- **29 de abril de 1945:** Libertação do campo.

PLANTA DE DACHAU

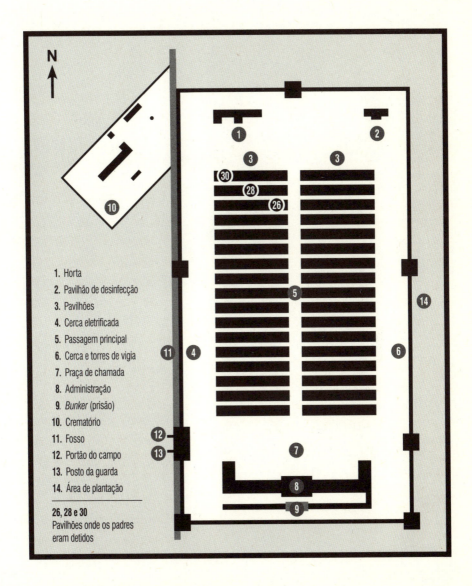

1. Horta
2. Pavilhão de desinfecção
3. Pavilhões
4. Cerca eletrificada
5. Passagem principal
6. Cerca e torres de vigia
7. Praça de chamada
8. Administração
9. *Bunker* (prisão)
10. Crematório
11. Fosso
12. Portão do campo
13. Posto da guarda
14. Área de plantação

26, 28 e 30
Pavilhões onde os padres eram detidos

INTRODUÇÃO

Lembrai-vos dos presos como se estivésseis presos com eles.

(Hebreus 13,3)

Pawel, Alois e Boleslaw Prabucki são irmãos. Nascidos em Iwiczno, na Polônia, em 1893, 1896 e 1902, os três decidem consagrar suas vidas a Deus e se tornam sacerdotes da diocese de Chelmno. Nessa região, que a Alemanha e a Polônia disputam há muito tempo, Pawel é pároco de Gostkowo; Alois, de Gronowo; e o mais novo, vigário de Mokre. No outono de 1939, pouco após o exército do Terceiro Reich vencer a Polônia, eles são presos pelos nazistas, que desejam acabar com as elites polonesas, e enviados para o campo de concentração de Oranienburg-Sachsenhausen,[1] a norte de Berlim. Em 14 de dezembro de 1940, são transferidos para Dachau, o campo-protótipo do sistema ss, implantado no coração da Baviera. Pawel, Alois e Boleslaw recebem as matrículas 22661, 22686 e 22685. Após meses de sofrimentos intensos, faminto, esgotado, Alois é o primeiro a falecer, no dia 17 de julho de 1942, e a desaparecer nas entranhas do crematório. Menos de um mês depois, em 14 de agosto, Boleslaw é selecionado para ir para as câmaras de gás no Castelo de Hartheim, o grande centro de eutanásia instalado na Áustria. Ao vê-lo partir, Pawel, atordoado, faz o sinal da cruz na testa do irmão, pede-lhe que abrace seus pais e Alois nos céus e diz que logo estará com eles.[2] Boleslaw desaparece. Dezesseis dias depois, em 30 de agosto, Pawel cumpre sua promessa e sucumbe também em Dachau.

Os irmãos Prabucki estão entre os 2.579 sacerdotes, religiosos e seminaristas católicos, oriundos do Reich e de toda a Europa ocupada, confinados pelos nazistas no campo de Dachau, de 1938 a 1945. Não se conhece a história desses homens, uma dentre tantas do projeto global dos campos de concentração. Além disso, ela é ofuscada por duas grandes figuras do martirológio católico, assassinadas em Auschwitz: o franciscano Maximilien Kolbe, executado em 14 de agosto de 1941, com uma injeção de fenol, após vários dias sem receber comida, e a carmelita Teresa Benedita da Cruz – nascida Edith Stein, judia convertida, ex-assistente de Edmund Husserl –, morta na câmara de gás de Birkenau, em 9 de agosto de 1942. Ambos foram canonizados.[3]

No entanto, quem sabe que, dos trinta pavilhões de Dachau, dois a três são permanentemente ocupados por membros da Igreja de 1940 a 1945? Elites polonesas, opositores políticos alemães, austríacos ou tchecoslovacos, resistentes belgas, holandeses, franceses, luxemburgueses ou italianos... De todas as nações e de todas as idades, sacerdotes são aprisionados atrás dos arames farpados de Dachau, em decorrência de um acordo forçado pela diplomacia do Vaticano ao Reich. Durante oito anos, as tragédias e os gestos magníficos pontuam o itinerário do clero de Dachau, da surpreendente marcha forçada da "Semana Santa" de 1942 ao heroico enclausuramento voluntário dos sacerdotes nos pavilhões dos moribundos com tifo, passando pela perturbadora ordenação clandestina de um jovem diácono alemão tuberculoso por um bispo francês, simpatizante do marechal Pétain, homenageado, no entanto, com o título de "Justo entre as Nações" no memorial do Yad Vashem, em Israel. Jamais, ao longo da história, nem mesmo nos piores momentos do Terror francês ou da perseguição comunista, tantos sacerdotes, religiosos e seminaristas foram assassinados em um espaço tão restrito: 1.034 deixaram sua vida lá.

Para além dos percursos pessoais, a história dos padres católicos de Dachau – e de 141 religiosos de outras confissões, protestantes e ortodoxos na maioria – lança uma nova luz sobre o sistema hitlerista dos campos de concentração, sobre o anticristianismo intrínseco do nazismo e, para além do estrito campo histórico, sobre a fé e o comprometimento espiritual, ultrapassando suas trajetórias pessoais. O que a experiência dos religiosos presos em Dachau tem em comum com a de seus companheiros leigos? Quais foram seus privilégios e sofrimentos específicos? A motivação das perseguições nazistas contra o clero é ideológica ou política? A fé e o envolvimento religioso dos sacerdotes os prepararam para a desumanização empreendida nos campos ou os fragilizaram? Suas convicções morais, moldadas pelo Evangelho e pela tradição da Igreja, resistiram à perversão dos valores imposta pelos ss? A experiência por que passaram os sacerdotes de Dachau produziu frutos somente na instituição eclesiástica, ou também fora dela, na Igreja como um todo? Resgatar essa história singular, fragmento do drama dos campos de concentração, permite oferecer respostas a essas diferentes perguntas.

PRIMEIRA PARTE

UM CAMPO PARA OS SACERDOTES

OS PRECURSORES

*Senhor, muitos são
os meus adversários!
Muitos se rebelam
contra mim!*

(Salmos 3,2)

A 17 quilômetros a noroeste de Munique, em linha reta, encontra-se uma cidade por muito tempo conhecida por sua atmosfera particular, propícia à inspiração dos artistas. Desde o final do século XIX, inúmeros são os pintores que vão para lá, seduzidos pelas paisagens e pela luz da região. Alguns deles, como Ludwig Dill, Adolf Hölzel ou Arthur Lanhammer, ficaram famosos e fomentam em Dachau – nome dessa cidade querida das musas – um movimento que rivaliza então com a célebre escola de Worpswede.[1] Às margens do rio Amper, que corre ao pé da colina em que a cidade foi construída, esses artistas – homens e mulheres – encontram os temas que alimentam inúmeras obras. Algumas delas ainda continuam expostas na Gemäldegalerie de Dachau. Quando sopra o vento *Föhn*, podem-se distinguir os Alpes ao longe, "em seu esplendor majestoso".[2] Além das paisagens naturais deslumbrantes que a cercam, o urbanismo e a arquitetura da cidade – cujos primeiros vestígios remontam ao ano de 805 – favorecem a criatividade pictórica, como ilustra a igreja St. Jakob, cujo campanário com 44 metros, coroado por uma cúpula em forma de cebola, impõe-se sobre o conjunto, o castelo em estilo renascentista construído em meados do século XVI, ou o bairro antigo, com suas fachadas de cores alegres. Cidade de cultura, Dachau é, às vésperas da Grande Guerra, um lugar sedutor e tipicamente bávaro, onde se expressa a arte de viver.

Desde a Idade Média, Dachau é também um cruzamento de rotas comerciais, cujo mercado consta em registros datados a partir do século XIII. A cidade goza de uma posição estratégica na estrada que liga Munique a Augsburgo, na fronteira entre uma região de colinas arborizadas ao norte e de extensões pantanosas ao sul. Esse dinamismo lhe permite escapar parcialmente à força de atração exercida pela capital bávara, visível dos pontos altos da cidade. É a nordeste do centro histórico, na outra margem do Amper, que uma fábrica de munições é construída em 1916 para abastecer os soldados de Guilherme II durante o primeiro conflito mundial. A fábrica não é edificada na cidade de Dachau, mas em Prittlbach, situada mais ao norte, em um afluente do rio Amper, cujo nome ela tomou para si. No entanto, ao longo dos anos, o local se vincula administrativamente à cidade de Dachau.[3] É aqui, no vasto terreno dessa fábrica – desativada após a derrota do Kaiser – que os nazistas inauguram o protótipo de seus campos de concentração em 22 de março de 1933.

O CAMPO MODELO DE HIMMLER

No dia 21 de março, Heinrich Himmler – que dirige a polícia política bávara – anuncia a abertura do campo de Dachau durante uma conferência, reproduzida pela imprensa local.

> Na quarta-feira, será aberto, nas cercanias de Dachau, o primeiro campo de concentração. Sua capacidade é de 5 mil pessoas. Todos os funcionários comunistas e, se preciso for, os membros da *Reichsbanner*[4] ou de tendência marxista ficarão concentrados lá [...]. Tomamos essas medidas sem nenhuma consideração mesquinha, convencidos de agir pela pacificação nacional e de acordo com o desejo da população.[5]

No coração do berço geográfico do nazismo, Dachau, primeiro centro de detenção inaugurado, se torna o modelo – e até mesmo a metonímia – dos campos de concentração[6] do Terceiro Reich. "Em sua qualidade de campo mais antigo da Alemanha, deu seu nome à coisa em todo o país. Quando falava de alguém enviado para um campo, a população alemã em geral dizia: 'Ele está em Dachau'", ressalta Eugen Kogon.[7]

Após sua fundação, o campo funciona durante três anos nas dependências da antiga fábrica de munições, com seus 10 pavilhões de 5 dormitórios que abrigam 45 prisioneiros cada um. A população evolui: aos prisioneiros políticos, se juntam testemunhas de Jeová, homossexuais e aqueles que o vocabulário nazista chama de "parasitas" e "antissociais". Pouco a pouco, chegam também criminosos, que disputam com os comunistas os postos mais vantajosos. Em janeiro de 1937, as instalações originais são demolidas para construir infraestruturas mais amplas e mais bem organizadas para acolher um número maior de prisioneiros. Os prisioneiros reconstroem o campo sofrendo surras e maus-tratos. As roupas civis desaparecem, substituídas por uniformes listrados. Cada categoria é identificada por um triângulo de tecido colorido, com a ponta para baixo, costurado no uniforme: vermelho para os políticos, verde para os criminosos, rosa para os homossexuais, preto para os "parasitas" ou "antissociais". Os judeus distribuídos nessas categorias sofrem crueldades específicas: para identificá-los, seu triângulo é acompanhado de um segundo triângulo invertido, amarelo, formando uma estrela de Davi. Em julho de 1938, 6.166 pessoas estão presas em Dachau. Quatro meses depois, essa população explode com a chegada de aproximadamente 10 mil judeus presos durante a Noite dos Cristais, de 9 para 10 de novembro de 1938.[8] O campo está saturado, mas a situação se normaliza provisoriamente com a partida dos judeus, que, sob ameaça, aceitam emigrar e são espoliados, ou dos que são transferidos a Buchenwald.

A CHEGADA DOS PRIMEIROS RELIGIOSOS

Os primeiros sacerdotes chegam a Dachau em 1938. Não são alemães, mas vêm dos países sob domínio nazista no âmbito da política expansionista almejada por Hitler. O *Anschluss* ("anexação") de 12 de março de 1938, que anexa a Áustria ao Terceiro Reich, e a Conferência de Munique, de 29 de setembro de 1938, que leva à anexação dos Sudetos, são as primeiras etapas dessa conquista do *Lebensraum* ("espaço vital"), seguida da criação do Protetorado da Boêmia e Morávia, em 15 de março de 1939, e pela invasão da Polônia, em 1º de setembro de 1939. Os sacerdotes austríacos, tchecos e principalmente poloneses constituem, então, os primeiros contingentes de religiosos levados para os campos de concentração do Reich.

Entretanto, nas semanas que seguem ao *Anschluss*, os religiosos austríacos são poupados pela repressão, porque Theodor Innitzer, arcebispo de Viena, categoricamente anticomunista, assim como uma parcela substancial do episcopado local, mostram-se favoráveis à anexação à Alemanha.[9] Após um encontro pessoal com Hitler, em 15 de março de 1938, o

Monsenhor Innitzer redige uma série de diretrizes destinadas ao clero e aos fiéis católicos.

> Aqueles que têm o encargo de cura de almas e os fiéis se submeterão incondicionalmente ao Estado alemão e ao Führer, pois a luta histórica contra a criminosa ilusão do bolchevismo e pela segurança da vida alemã, pelo trabalho e pelo pão, pela força e pela honra do Reich e pela unidade da nação alemã é visivelmente abençoada pela Providência.

No dia 27 de março, uma carta coletiva dos bispos austríacos é lida nas igrejas:

> Reconhecemos com alegria que o movimento nacional-socialista realizou e está realizando um trabalho eminente no âmbito da construção nacional e econômica, assim como no da política social para o Reich e a nação alemã, principalmente para as camadas mais pobres da população. [...] No dia do plebiscito, é evidente que, para nós, é um dever nacional, enquanto alemães, declararmo-nos a favor do Reich alemão, e esperamos também que todos os cristãos crentes saibam seu dever para com a nação.

A REVOLTA DO ROSÁRIO

Contudo, as disposições favoráveis aos nazistas, demonstradas pelos líderes religiosos austríacos – que convidam seus homólogos alemães a imitar seu exemplo – não preservam os sacerdotes da repressão. Os novos senhores da Áustria criam uma série de medidas destinadas a limitar a influência católica; dentre elas, a anulação da Concordata e a proibição das organizações e jornais católicos. Monsenhor Innitzer, cujos posicionamentos foram severamente desaprovados em Roma, não tarda a mudar de posição. Em 7 de outubro de 1938, na catedral Santo Estevão de Viena, ele declara: "Só há um único Führer ('guia'): Jesus Cristo." Diante dele, seis mil jovens católicos participam do encontro intitulado "Revolta do Rosário", em razão da festa celebrada naquele dia. Já no dia seguinte, o palácio do arcebispado é destruído por vândalos.[10] O padre Johannes Maria Lenz é preso pela Gestapo (Polícia Secreta do Estado) pouco depois; acusam-no de ter divulgado uma carta sobre a pilhagem de 8 de outubro.

> No sábado, pouco após as 21 horas, grupos de pessoas se reúnem diante do Palácio. Um desses grupos começa a atirar pedras. Todas as vidraças das 60 janelas do prédio são quebradas enquanto cantam o *Horst Wessel Lied** e o hino nacional. Em seguida, alavancas forçam o portão do palácio que dá para a praça Santo Estêvão. A multidão toma de assalto o primeiro andar, devastando todos os cômodos: o salão, o gabinete e os aposentos privados. As mesas, as poltronas e os quadros são derrubados, jogados pela janela e queimados com as roupas, os chapéus, as toalhas de mesa. Os desordeiros, com os braços estendidos, continuam entoando o *Horst Wessel Lied* e o hino. A capela privada é depredada e todos os objetos são destruídos: a cruz, o altar, o púlpito, os bancos [...]. O cardeal Innitzer vem celebrar a missa no dia seguinte. Veste apenas sua batina. Seu chapéu, manto, anel e corrente foram roubados.[11]

O clero austríaco é agora vigiado de perto pela Gestapo, que procura extirpar qualquer germe de oposição.

A REPRESSÃO CONTRA A IGREJA AUSTRÍACA

Os métodos empregados pelo aparelho repressivo nazista ultrapassam em violência aqueles executados na Alemanha quando Hitler chegou ao poder. Ian Kershaw, na obra que dedicou ao ditador, explica:

---

* N.T.: Hino do Partido Nazista e hino oficial da Alemanha durante o Terceiro Reich.

Na Áustria e nos Sudetos (e depois no restante da Tchecoslováquia ocupada), as contas a acertar com os inimigos políticos e raciais atribuíram novas "tarefas" ao partido e à Gestapo. Para os exaltados do partido e para os burocratas da polícia, esse período lembrou a "tomada do poder". Mas o partido estava agora em posição de força na administração dos novos territórios e o aparelho da Gestapo-ss foi ainda mais eficaz e impiedoso do que fora a polícia na Alemanha, em 1933.[12]

Nos meses que sucederam ao *Anschluss*, 14 sacerdotes foram presos e enviados aos campos.[13] Entre eles, Mathias Spanlang, padre em Sankt-Martin-im-Innkreis, cidade situada a cerca de 20 quilômetros de Braunau-am-Inn, onde nasceu Hitler. Esse homem de origem camponesa, de traços fortes, é um antigo opositor do nazismo, denunciando-o em seus sermões e em artigos de jornal desde a irrupção dos primeiros militantes nazistas em sua paróquia, em 1931. Detido no dia 24 de maio de 1938, é preso e levado para Dachau. O padre Otto Neururer, décimo segundo filho de um moleiro, sacerdote em Götzens, a oeste de Innsbruck, tem um destino semelhante. Seu olhar doce, sustentado por óculos redondos de armação fina, conjuga-se a um temperamento de aço. Por incitar uma jovem a descartar um casamento com um nazista 30 anos mais velho, ele é detido em 15 de dezembro de 1938 por "profanação do casamento germânico" e levado a Dachau em março de 1939. O padre Spanlang e ele são transferidos para Buchenwald em 26 de setembro desse ano. Ambos convertem um prisioneiro e, por isso, são condenados e levados para o *"bunker* de punição". As condições da morte do padre Spanlang permanecem imprecisas – teria falecido no dia 5 de junho de 1940, aos 53 anos –, mas as do padre Neururer são conhecidas: pendurado pelos pés, ele expira ao final de 36 horas de sofrimento, em 30 de maio de 1940, aos 58 anos. No dia 30 de junho de 1940, suas cinzas são enterradas em Götzens. O padre Carl Lampert, vigário da paróquia, que tentara de tudo para libertar o padre Neururer, alude a seu martírio durante a homilia pronunciada em seus funerais. Por essa razão, é preso em 5 de julho e igualmente enviado para Dachau. Transferido para Sachsenhausen, reintegrado em Dachau, será libertado, de novo acusado, condenado à morte e decapitado em 13 de novembro de 1944, em Halle. O padre Lenz, que fora detido em 5 de dezembro de 1938, após a "Revolta do Rosário", é solto por cerca de 12 dias em maio de 1940; é novamente preso e levado desta vez para Dachau, via Mauthausen-Gusen.

A CHEGADA DOS TCHECOS

Diferentemente dos austríacos, considerados germânicos pelos nazistas, os habitantes da ex-Tchecoslováquia não se beneficiam do mesmo *status*, exceto na região anexada dos Sudetos, cujos habitantes são classificados como *Volksdeutsche* ("pertencente ao povo alemão") e convidados a participar como membros do Reich. Os invasores tratam duramente os habitantes da Boêmia e Morávia. Após algumas detenções pontuais que marcam o início da ocupação alemã na região, os sacerdotes tchecos são detidos coletivamente por ocasião de extensas batidas que buscam opositores potenciais ou reféns inofensivos.

O primeiro religioso tcheco a atravessar o portão do campo de Dachau é o decano Joseph Kloucek, oriundo de Kladno, cidade situada a menos de 20 quilômetros do centro de Praga.[14] Chegou em 16 de junho de 1939 e foi solto pouco depois. Aliás, foi o único sacerdote católico tcheco a ser tratado com tal clemência. A invasão da Polônia culmina com a intensificação das prisões na ex-Tchecoslováquia para prevenir qualquer instabilidade nesse protetorado do Reich. As autoridades alemãs fazem muitos prisioneiros, a fim de desencorajar qualquer veleidade de revolta. Detidos em prisões locais, muitos deles são libertados assim que a situação se estabiliza. Mas alguns são levados para os campos de concentração. "Durante toda sua permanência nos campos de concentração, esses sacerdotes tchecos nunca souberam por que tinham sido detidos."[15] Nos registros, apenas menções lacônicas, quando existem, indicam razões gerais e imprecisas, como "Hostil aos alemães", ou, com mais frequência, "Medida de proteção", noção suficientemente vaga para dissimular a ausência de uma queixa real contra as pessoas detidas. Alguns sacerdotes, enfim, são presos devido a um comportamento claramente hostil aos novos senhores da região. Um sermão considerado tendencioso demais, um artigo publicado em uma revista paroquial ou na imprensa local, a participação em supostas ações de espionagem: são inúmeras as razões invocadas para efetuar as detenções. Os sacerdotes tchecos formarão a quarta nacionalidade do clero mais representada no campo, com 109 matrículas.

O AFLUXO DOS POLONESES

Em 1º de setembro de 1939, as forças do Reich atacam a fronteira oriental e invadem a Polônia, anunciando o fim de suas elites. Sessenta e cinco por cento do total de religiosos de Dachau e 84% dos que lá pereceram eram poloneses. Essa representação excessiva pode ser explicada pelo *status* particular dos poloneses na ideologia nazista. Eslavos – à exceção de alguns *Volksdeutsche* –, eles pertencem à categoria dos *Untermenschen* ("sub-humanos"), o estrato mais aviltante na hierarquia racial nazista, no qual se encontram também os judeus e os ciganos. Como a Polônia deve se tornar uma parte do grande espaço vital que Hitler deseja conquistar para o povo alemão, convém destruir suas elites para ter certeza de controlá-lo absoluta e definitivamente. Em uma terra tão católica como a Polônia, o clero é uma das primeiras elites visadas e, portanto, um alvo prioritário. Reinhard Heydrich, chefe do

Reichsicherhetshauptant (RSHA) (Gabinete Central de Segurança do Reich), não se equivoca quando redige um relatório, em julho de 1940, sobre as ações dos *Einsatzgruppen* (Grupos de Intervenção) na Polônia, encarregados de eliminar os opositores nos territórios conquistados pela Wehrmacht. Os religiosos cristãos são citados, com outros, como alvos prioritários. Ele se mostra especialmente satisfeito com "as severas retaliações contra os elementos hostis ao Reich, oriundos da emigração, da maçonaria, dos judeus, dos adversários políticos e clericais, assim como da 2ª e 3ª Internacionais".[16] Para infelicidade da Polônia, a URSS, que invadiu sua região oriental em virtude de uma cláusula secreta do pacto germano-soviético, entrega-se a práticas similares, que culminam com o grande massacre de Katyn, na primavera europeia de 1940. O padre Stefan Biskupski, da diocese de Wloklawek, detido em Dachau a partir de 14 de dezembro de 1940, analisa desta forma a perseguição ao clero polonês:

> Deixando de lado a ideologia nacional-socialista, que se encontrava em evidente oposição à lei sobrenatural, era necessário, a fim de destruir para sempre toda cultura polonesa, aniquilar totalmente a vida católica nos territórios tomados da Polônia. E novamente por quê? Porque toda a cultura polonesa, sua história, sua rica literatura, sua arte magnífica, tudo, na realidade, só tem valor porque baseado profundamente nos princípios católicos. A tal ponto que tudo deixa de ser inteligível se separado do catolicismo. Era preciso, portanto, destruir a Igreja para destruir a cultura da nação polonesa. E, para isso, destruir primeiro o clero polonês, que é indissoluvelmente ligado ao seu povo.[17]

Desde o outono europeu de 1939, o clero polonês é alvo do dispositivo policial que acompanha as forças alemãs de invasão e efetua prisões maciça e cegamente. Na porção do território polonês atribuída à Alemanha, todas as categorias do clero estão envolvidas, quer se trate dos padres seculares, dos religiosos, dos seminaristas, ou dos capelães militares. Após o desencadeamento da Operação Barbarossa, em 22 de junho de 1941, a repressão se estende a todo o território polonês e atinge aqueles que ainda não foram vítimas das exações soviéticas. Tais métodos anunciam fatores que se generalizarão na Europa ocupada para implementar deportações maciças: aprisionamentos em massa, agrupamentos e organização de comboios.

No vilarejo de Chludowo, situado a cerca de 20 quilômetros ao norte de Poznan, o monastério da Sociedade do Verbo Divino se torna o centro de reunião temporária dos religiosos presos na região. Em 22 de maio de 1940, 50 padres seculares e 26 seminaristas verbitas são levados de caminhão até Poznan. Lá o grupo aumenta com a chegada de outros sacerdotes da região, totalizando 150 pessoas. Os prisioneiros são obrigados a cantar músicas em alemão; aqueles que não obedecem apanham muito. Após uma longa espera, são amontoados em um trem que, ao final de uma longa viagem sem comida nem água, os leva a Dachau.[18] Mais a leste, entre Poznan e Varsóvia, a cidade de Wloclawek é também palco de prisões maciças e precoces. Kazimierz Majdanski, aluno no seminário dessa cidade às margens do rio Vístula, é detido em 7 de novembro com todos os professores e seminaristas, ou seja, 44 pessoas no total. Ele tem 23 anos. "Uma coisa está cada vez mais clara, desencadeou-se um programa de aniquilação do clero católico polonês", escreve.[19] Segue-se um longo périplo, que leva Kazimierz e seus companheiros a Dachau, via Lad, Berlim e Sachsenhausen, durante o qual ele sofre repetidas humilhações. Nesse período que marca o início da sujeição da Polônia, há dezenas de trajetórias como a sua.

A CENTRALIZAÇÃO

*Fizeram-no entrar
nos lugares fortes, para que
não se ouvisse mais a sua voz
nos montes de Israel.*

(Ezequiel 19,9)

Nos anos 1939 e 1940, as deportações dos sacerdotes continuam sendo aleatórias. Austríacos, tchecos e poloneses são detidos por razões variadas. Tomados como reféns, considerados opositores ou parte da elite local, eles são levados para os campos de modos diversos, que vão do encaminhamento individual à transferência em grandes comboios. Mesmo que Dachau permaneça sendo um grande centro de detenção, ainda não é o único destino dos sacerdotes. Outros campos do sistema, particularmente Oranienburg-Sachsenhausen, Buchenwald ou Mauthausen-Gusen, na Áustria, ainda recebem muitos religiosos. Além disso, o fechamento temporário de Dachau, entre setembro de 1939 e fevereiro de 1940, para atender às necessidades militares da ss, adia a organização da repressão. Porém, apesar dessa desordem, o caráter cada vez mais sistemático das prisões de membros do clero acaba por vazar para fora dos territórios ocupados. A informação chega à Santa Sé, que decide intervir.

A INTERVENÇÃO DA SANTA SÉ

Graças à sua rede diplomática – ainda eficaz apesar da guerra – e às informações transmitidas pelo Monsenhor Cesare Orsenigo, núncio apostólico em Berlim, o Vaticano não ignora que religiosos estão sendo levados para os campos de concentração desde o inverno de 1939-1940. Em uma nota de 4 de março de 1940, Ernst von Weizsäcker, secretário de Estado alemão das Relações Exteriores, menciona uma visita do núncio, que se mostra inquieto com a sorte reservada aos sacerdotes presos em Sachsenhausen, principalmente os poloneses. Monsenhor Orsenigo pede permissão para visitar o campo a fim de levar livros de oração e celebrar uma missa.[1] Nas semanas seguintes, o núncio persiste apesar de seu pedido de visita ter sido recusado. O bispo insiste que os padres presos possam celebrar a missa e, em caso de falecimento, que sejam enterrados, e não cremados.

Diante da recusa das autoridades alemãs, o cardeal Luigi Maglione, secretário de Estado da Santa Sé, reage aos relatórios de Monsenhor Orsenigo. O chefe da diplomacia do Vaticano propõe então soluções alternativas, como "o deslocamento dos sacerdotes poloneses para um dos países neutros da Europa ou para uma das repúblicas sul-americanas", em correspondência de 23 de outubro de 1940.[2] Essa solução é descartada, mas a atitude determinada do núncio acarreta uma decisão radical. Em 9 de novembro de 1940, o ministro do Reich para Assuntos Eclesiásticos, Hanns Kerrl, envia uma correspondência ao cardeal Adolf Bertram, arcebispo de Breslau e presidente da conferência episcopal, reorganizando o tratamento dado aos sacerdotes presos.

> De acordo com uma decisão do chefe da organização militar nazista SS e do chefe da polícia alemã, todos os religiosos presos até o momento em diferentes campos de concentração vão ser reunidos no campo de Dachau, onde deverão realizar apenas trabalhos leves. Além disso, poderão "ler" ou "acompanhar" a missa todo dia. Os objetos do culto assim como os acessórios necessários serão colocados à sua disposição. Como o chefe da polícia de segurança me informou, não pode haver exceção para os cadáveres dos sacerdotes: serão cremados, assim como todos os outros prisioneiros. Por delegação, assinado: Roth.

Os efeitos dessa decisão são imediatos. Nas semanas seguintes, Dachau reúne os religiosos detidos nos outros campos do Reich. Em dezembro de 1940, a chegada de centenas de sacerdotes, majoritariamente poloneses, vindos de Oranienburg-Sachsenhausen muda a demografia do campo. Além deles, chegam também muitos alemães, até então poupados dos campos, apesar de se oporem ao poder nazista já há muito tempo.

A "BATALHA DA IGREJA"

Desde o início, os nazistas desconfiam dos católicos da população alemã, sobretudo do clero, cuja oposição ganha o nome de *"Kirchenkampf"* ("Batalha da Igreja"). "Os católicos alemães, minoria significativa da população, que se inclinavam às ideias fascistas a exemplo de seus vizinhos, resistiram a Hitler com uma impressionante unanimidade, pelo menos até 1933", ressalta David Schoenbaum.[3] Vários elementos atestam essa incompatibilidade formal. Nas eleições que se sucedem, os resultados do NSDAP, o Partido Nazista,[4] são inversamente proporcionais ao peso dos católicos na população.[5] A Conferência dos Bispos Alemães, em Fulda, no mês de agosto de 1932, oficializa a desconfiança da Igreja: "É imperdoável a adesão de muitos católicos ao partido nacional-socialista enquanto este mantiver um programa religioso e cultural incompatível com a doutrina católica", lê-se nas conclusões.[6] A Igreja teme a ameaça do NSDAP aos movimentos em prol dos jovens, aos patrocínios e às organizações profissionais de que se encarrega. A lembrança do *Kulturkampf* (movimento anticlerical alemão do fim do século XIX) ainda é viva, e os católicos querem evitar a reedição desse episódio.[7]

As eleições de 5 de março de 1933, que dão ao Partido Nazista 43,9% dos votos, e a entrega das prerrogativas constitucionais a Hitler, no dia 23 de março, com os votos do partido católico de centro, o *Zentrum*, mudam a situação. Já no final do mês de março, Von Papen – veterano exilado do *Zentrum* – que herdou o posto de vice-chanceler, parte para Roma para encontrar o secretário de Estado Eugenio Pacelli, futuro papa Pio XII.[8] O chefe da diplomacia do Vaticano conhece bem a situação na Alemanha: foi núncio apostólico na Baviera a partir de 1917 e, em Berlim, a partir de 1925. Testemunha da derrota do Império Alemão, das manobras revolucionárias, dos efêmeros conselhos de 1918-1919 e da escalada do nazismo, ele conhece os riscos da ascensão de Hitler ao poder. Age então de modo pragmático e defensivo para preservar suas posições. "Uma recusa poderia ter provocado um endurecimento por parte dos nazistas, possível prelúdio da ruína da Igreja na Alemanha", escreve Thierry Knecht.[9] Ele será muito recriminado por isso. Uma Concordata é assinada no Vaticano, em 20 de julho de 1933, pelo cardeal Pacelli e por Franz von Papen. Ela estabelece a esfera das relações entre o Estado alemão e a Igreja, que recebe garantias desde que renuncie a qualquer atividade política. O vice-chanceler alemão teria preferido reduzir ainda mais a influência das organizações católicas, mas o papa Pio XI, que não aceitava ver o papel da

Igreja reduzido apenas à sua dimensão pastoral e religiosa – segundo ele, "aposentadoria na sacristia"[10] –, obtém ganho de causa. Muito provisoriamente.

A CONCORDATA ESCARNECIDA

No verão europeu de 1933, a Igreja mistura "concessões políticas e luta tenaz para impedir a ingerência dos nazistas nas práticas e situações religiosas".[11] Durante as negociações que vão culminar na Concordata, ela permanece silenciosa quando as primeiras medidas eugênicas são promulgadas. Em 14 de julho de 1933, apesar da oposição de Von Papen,[12] Hitler promulga uma lei sobre a esterilização, cumprindo assim as promessas de sua obra *Minha luta*: "O Estado racista [...] deve declarar que todo indivíduo sabidamente enfermo ou portador de anomalias hereditárias, logo transmissíveis a seus descendentes, não tem o direito de se reproduzir, e deve tirar-lhe imediatamente essa faculdade".[13] O texto, que visa aos portadores de "anomalias hereditárias" e certos perfis de alcoólatras, não impede a assinatura da Concordata. Porém, com a intensificação da repressão, o silêncio da Igreja não dura muito.

Os cristãos logo se tornam o alvo do poder e de sua polícia. Quinze mil estabelecimentos são fechados. As associações religiosas são progressivamente suprimidas.[14] Enquanto as associações católicas de juventude são forçadas à dissolução de tanto serem importunadas, o alistamento na *Hitlerjugend* (Juventude Hitlerista) passa a ser obrigatório em 1936. Onipresente, a Gestapo controla tudo,[15] desde as procissões até os sermões da missa. Em 30 de junho de 1934, na Noite dos Longos Punhais, várias figuras do catolicismo alemão são assassinadas, tais como Erich Lausener, líder da Ação Católica, Fritz Beck, diretor da Ajuda aos Estudantes Católicos de Munique, e o jornalista Fritz Gerlich. As reações da Igreja se multiplicam.

A obra *Der Mythus des 20. Jahrhunderts* (*O mito do século* XX), verdadeiro catecismo do nazismo, publicada por Alfred Rosenberg, é posta no *Index*[16] já em fevereiro de 1934.[17] Em 1935, a resposta do ideólogo, intitulada *An die Dunkelmännerunserer Zeit: Eine Antwortauf die Angriffegegenden "Mythus des 20. Jahrhunderts"* (*Aos obscurantistas de nosso tempo: uma resposta aos ataques contra* O mito do século XX), também passa a constar da lista dos livros proibidos pela Igreja. Na Alemanha, os católicos multiplicam as iniciativas. É criado em Berlim, em março de 1935,[18] o *Hilfsausschuss für katholische Nichtarier* (Comitê de Auxílio aos Católicos não Arianos) para auxiliar os judeus convertidos, visados pelas primeiras leis raciais. Na carta pastoral de 1º de setembro, redigida ao final da Conferência dos Bispos de Fulda, eles deploram o declínio do espírito cristão na vida pública e nas escolas e se inquietam com os ataques à liberdade da Igreja. Mal tinha sido divulgada, e a polícia já a apreendeu nas gráficas, livrarias, presbíteros e expositores das igrejas.[19] Mas o impacto dessas ações permanece marginal em relação ao efeito da encíclica "Mit brennender Sorge" ("Com profunda preocupação"), redigida em grande parte pelo cardeal Pacelli, e assinada por Pio XI, que cai como uma verdadeira bomba.

"MIT BRENNENDER SORGE"

Datado de 14 de março de 1937 e redigido em alemão, o texto é lido nas paróquias alemãs no dia de Ramos, após ter sido difundido com muita discrição. Denúncia firme dos fundamentos da doutrina e dos abusos do regime nazista, a encíclica constata o fracasso da Concordata, culpando o novo poder por ter espalhado "o joio do ódio, da difamação, de uma hostilidade de princípio, seja velada, seja aberta, alimentando-se de mil fontes e agindo por todos os meios, contra Cristo e sua Igreja", e denuncia as medidas que atingem os católicos. Além disso, faz uma vigorosa crítica à doutrina racista.

Aquele que toma a raça, ou o povo, ou o Estado [...] – tudo isso que ocupa na ordem terrestre um lugar necessário e honroso –, quem toma essas noções retirando-as dessa escala de valores, mesmo religiosas, e divinizando-as por um culto idolátrico, inverte e falseia a ordem das coisas criada e ordenada por Deus.

O jornal *Völkischer Beobachter* publica, em 22 de março, um artigo virulento no qual denuncia a "traição" dos católicos alemães, enquanto Rudolf Hess pronuncia, em Hamburgo, um discurso que deplora a incapacidade dos católicos de compreender que Deus está do lado do Führer.[20] Goebbels organiza grandes campanhas para desacreditar a Igreja, acusada de malversações financeiras e de manter uma rede de pedófilos e de depravados.[21] "A imprensa ataca violentamente a perversidade nas igrejas. Empregam-se argumentos pesados. Meu sinal desencadeou, portanto, o concerto infernal. A situação começa a ficar difícil para os párocos. Os próprios processos revelam as ignomínias mais atrozes. Estão agora na berlinda!", alegra-se Goebbels em abril de 1937.[22] Sinal da desconfiança que a Igreja suscita entre os nazistas, ainda levará algum tempo até que comecem as ondas de prisões massivas.

OS SACERDOTES ALEMÃES EM DACHAU

Os membros do clero católico alemão que estiveram em Dachau até dezembro de 1940 são exceção. O padre Fritz Seitz, da diocese de Spire, é considerado o primeiro sacerdote alemão detido no campo. Esse homem, de aspecto jovial, "de uma bondade e de um humor inalteráveis",[23] era vigiado pela Gestapo desde 1936, quando rasgara em público um exemplar do jornal das SS, *Schwarze Korps*. Em 16 de março de 1940, ele é preso por suas atividades pastorais junto aos trabalhadores forçados poloneses e levado a Dachau, aonde chega em 11 de junho. Uma vez decidido o agrupamento dos sacerdotes católicos em Dachau, o padre Seitz é acompanhado por colegas alemães, detidos em diferentes campos da Alemanha. É o caso de um jovem diácono de 24 anos, Karl Leisner, denunciado e preso no sanatório de Sankt Blasien, na Floresta Negra, onde se trata de uma tuberculose pulmonar. Próximo do Movimento Apostólico de Schoenstatt e há muito hostil ao nazismo, esse jovem bastante envolvido com os movimentos de juventude é preso em 9 de novembro de 1939 por ter pronunciado uma única palavra – "pena" – sobre o atentado fracassado contra Hitler, perpetrado na véspera por Georg Elser. Após passar pela prisão de Freiburg im Breisgau e pelo campo de Sachsenhausen, ele chega em 14 de dezembro de 1940 ao campo de Dachau com outros religiosos alemães e com numerosos confrades de outras nacionalidades, que vieram de diferentes campos. Karl Leisner se tornará uma das figuras religiosas mais famosas do campo.[24]

A partir do final de 1940, os nazistas não se contentam mais com medidas regulamentares coercitivas, assédios simbólicos, violências esporádicas e prisões direcionadas para reduzir a hostilidade demonstrada por uma parcela do clero alemão. Qualquer suspeita de desconfiança acerca do regime leva a sanções imediatas e, no caso de muitos, a Dachau. Quatrocentos e quarenta e sete religiosos alemães vão para Dachau, passam ou morrem lá de 1940 a 1945, formando assim o segundo contingente de religiosos desse campo, bem atrás dos poloneses. Possuir um livro proibido, guardar recortes de jornais tendenciosos ou cartas pessoais críticas ao regime, apresentar indícios de proselitismo religioso: a Gestapo utiliza todos os pretextos possíveis para justificar a prisão de sacerdotes fichados, às vezes, há muito tempo. Há ocasiões em que os motivos evocados nos processos são surpreendentemente inconsistentes. O padre Heinrich Hennen, assistente na Igreja do Espírito Santo de Münster, é preso em 20 de novembro de 1941 por ter declarado em um sermão que não existia mais livro objetivo de história sobre a Igreja.[25] O padre Gustav Görsmann, decano de Gellenbeck, na diocese de

Osmabrück, é enviado a Dachau, em 3 de outubro de 1941, por ter dirigido a palavra a prisioneiros franceses.[26] Ele já era conhecido da polícia por ter recomendado, num pequeno cartaz na entrada de seu presbitério, o emprego da saudação tradicional *"Grüss Gott"* – literalmente "Saudação a Deus", utilizada para dar bom-dia – ao invés de *"Heil Hitler"*, que se tornara obrigatório. O padre Ludwig Braun, da paróquia de Freyung am Waid (diocese de Passau) é detido em 15 de janeiro de 1942 e enviado a Dachau, em 21 de março, por derrotismo, pois declarara em uma conversa que o *front* poderia ser abalado pelo adversário.[27] O padre Anton Lenferding, sacerdote em Frankfurt am Main, na diocese de Limburg, é enviado ao campo por ter se recusado a casar uma mulher divorciada, membro do Partido Nazista.[28] Os motivos mais frequentes usados contra os sacerdotes, presentes nos registros do campo, são os seguintes:

> Conduta prejudicial aos interesses do Estado, exercício ilícito do encargo de cura, [...] exercício ilícito do encargo de cura junto a estrangeiros, acolhimento de desertores, incitado [sic] as crianças contra o Estado, amigo dos judeus, recusa da saudação hitlerista, protesto contra a lei do casamento promulgada pelo Estado, [...] inimigo eterno da Alemanha.[29]

As prisões se apoiam às vezes em motivos mais objetivos e reprimem manifestações claras de oposição política e ideológica. A pastoral da juventude sofre uma vigilância estrita, mas, além dela, todas as dimensões da atividade paroquial são investigadas pela Gestapo e seus alcaguetes, que são numerosos nas paróquias.

O PLANO AKTION T4 E SUAS CONSEQUÊNCIAS

Nesse contexto de guerra total, o clero alemão se mostra, no entanto, patriota, leal e recusa o derrotismo. Em contrapartida, muitos padres criticam a ideologia e as medidas internas nazistas durante o sermão. A política eugênica, que se intensifica desde o início da guerra, é o catalisador dessa oposição. Em 1º de setembro de 1939, no próprio dia da invasão da Polônia, uma nota oficializa o lançamento do programa Aktion T4, destinado a "proporcionar uma morte misericordiosa aos enfermos considerados incuráveis". Trata-se, na verdade, de eutanasiar os "improdutivos" do Reich com fins eugênicos e econômicos. Seis centros de extermínio são então criados para aniquilar as pessoas selecionadas em câmaras de gás.

Clemens August von Galen, bispo de Münster, denuncia vigorosamente esse programa. Esse aristocrata, oriundo de um meio tradicionalista, é movido por uma feroz desconfiança em relação à modernidade, próximo das correntes favoráveis a Von Papen e distante do *Zentrum*, considerado moderado demais. Ele prestara juramento a Goering, em 19 de outubro de 1933, de acordo com as disposições da Concordata. Visto como confiável pelo poder, esse prelado de olhar penetrante e de aparência voluntariosa desde o início criticara, no entanto, as primeiras medidas e seu repertório ideológico, assim como seu primo, Konrad von Preysing, bispo de Berlim, que não escondera desaprovar as posições do cardeal Bertram, presidente da Conferência de Fulda, julgado conciliador demais com o regime nazista. O lançamento do plano Aktion T4 leva Monsenhor Von Galen a ir mais longe em sua oposição política. Em 3 de agosto de 1941, ele faz um sermão radical no púlpito:

> Há uma suspeita geral, quase certeza, de que numerosos óbitos inesperados de doentes mentais não ocorrem naturalmente, mas são intencionalmente provocados, seguindo a doutrina de que é legítimo destruir uma pretensa "vida sem valor" – em outras palavras, matar homens e mulheres inocentes – quando se julga que essas vidas não têm valor futuro para o povo e o Estado. Uma doutrina terrível, que tenta justificar o assassinato de pessoas

inocentes, que legitima o massacre violento das pessoas deficientes que não são mais capazes de trabalhar, dos incuráveis, dos idosos e dos enfermos [...]. Estamos diante de uma loucura homicida sem precedentes... Com pessoas assim, com esses assassinos que esmagam com arrogância nossas vidas com o salto de suas botas, a noção de povo não é mais possível para mim.

Fato excepcional na história do Terceiro Reich, Hitler recua diante da resistência do Monsenhor Von Galen. Em 23 de agosto de 1941, o Führer põe fim ao plano Aktion T4, que, no entanto, prosseguirá clandestinamente com o nome de "Aktion 14F13". Contrariamente ao que se espera, o bispo de Münster não é detido, embora Joseph Goebbels julgue o sermão de 3 de agosto um "ataque frontal mais violento que, desde o início de sua existência, foi lançado contra o nazismo".[30] Os nazistas não atacam diretamente o Monsenhor Von Galen, mas perseguem os inúmeros padres e religiosos, sobretudo de sua diocese, que mimeografam o famoso sermão e o distribuem em suas paróquias. "Em Dachau, quando chegava um novo prisioneiro no pavilhão dos sacerdotes alemães, dizia-se com uma pontada de ironia: 'Mais uma vítima do bispo de Münster!'", relata Thierry Knecht.[31] De fato, a divulgação desse texto é motivo de prisão. Inúmeros casos comprovam isso, como o de Joseph Albinger, vigário em Hanau am Main (diocese de Fulda), preso em 2 de novembro de 1941, sob esse pretexto e levado a Dachau em 5 de fevereiro de 1942.[32] O texto repercute na Áustria, onde o padre Ludwig Kneidinger, de Linz, é detido pela mesma razão em 13 de janeiro de 1942, e deportado a Dachau no final de abril.[33] O sermão do "Leão de Münster" tem repercussões até mesmo além da esfera germânica, já que trechos serão citados na publicação clandestina francesa *Témoignage Chrétien* e nos Estados Unidos, no *New York Times*, em 1942.[34]

O movimento que o Monsenhor Von Galen cria em sua diocese em plena guerra, quando as vitórias do Exército alemão na Rússia começam a perder o fôlego, é exemplar e único em vários aspectos. Entretanto, outras figuras da Igreja alemã se sobressaíram por denunciar radicalmente o nacional-socialismo. O padre Bernhard Lichtenberg foi uma das vozes que mais causou impacto. Nascido em 1875, esse sacerdote logo manifestou sua desconfiança do nazismo. Já em 1931, sofreu uma violenta campanha de intimidação liderada por Goebbels, quando os nazistas ainda não estavam no poder. Em novembro de 1938, após a Noite dos Cristais, ele declarou na catedral Santa Edwiges de Berlim: "Lá fora, a sinagoga está ardendo, mas também é uma casa de Deus." É preso em 23 de outubro de 1941 e torturado. Durante sua detenção, Pio XII lhe envia uma mensagem pessoal por meio do Monsenhor Von Preysing. Ele morre em 5 de novembro de 1943 durante sua transferência para Dachau. Desde 1994, é reconhecido "Justo entre as Nações" pelo memorial de Yad Vashem em Jerusalém.

A MAIOR DIOCESE DA EUROPA

Conduziu para o exílio toda Jerusalém.

(2 Reis 24,14)

Contingentes de deportados vindos de outros países chegam ao campo de concentração conforme as vitórias e derrotas do Exército alemão e o crescimento dos movimentos locais de resistência. Religiosos oriundos de todas as nações que tombam sob o Reich aumentam então os efetivos de Dachau. De 1941 a 1943, os comportamentos e posições considerados hostis ao Reich são as causas principais das prisões, enquanto, a partir de 1944, os atos de resistência ou de apoio aos *partisans* passam a ser as principais razões da deportação. No primeiro período, as nacionalidades identificadas entre os sacerdotes ainda correspondem aos países limítrofes da Alemanha, principalmente Bélgica e Países Baixos, e a duas zonas anexadas ao Reich, Luxemburgo e Alsácia-Lorena. A partir de 1944, chegam a Dachau novos grupos de religiosos de regiões mais distantes, como a Iugoslávia, a Itália e o restante da França ocupada. São frequentemente acusados de ter dado apoio espiritual ou logístico, até mesmo operacional, aos *partisans* locais.

HOLANDESES, BELGAS E LUXEMBURGUESES

Os religiosos holandeses presos em Dachau totalizam 63 e chegam a partir de 1941. Entre eles, encontrava-se o padre Peter van Genuchten, que chegou em novembro[1] e que distribuíra a cópia de uma carta pastoral condenando os nazistas holandeses, ou ainda o padre Johann Himmelreich, que evocara hipotéticas origens judaicas de Hitler.[2] O mais conhecido é o frade carmelita Titus Brandsma, jornalista, reitor da universidade católica de Nijmegen. Opositor do nazismo desde a primeira hora, esse homem frágil e miúdo se posiciona muito cedo contra as medidas antissemitas, em especial a demissão dos judeus dos estabelecimentos escolares e universitários. Exercendo forte influência sobre a imprensa católica de seu país, ele redige uma carta bombástica clamando aos jornalistas que recusem qualquer ingerência do ocupante em seus órgãos. "Não é mais o momento, para os jornalistas católicos, de tergiversar. Eles desobedeceriam a seu arcebispo e à sua consciência se apoiassem essas ideias e esse movimento", escreve em dezembro de 1941.[3] Essa intervenção é fatal para ele. É detido em janeiro de 1942 no convento de Doddendaal e levado ao campo em 19 de junho, onde morre em 26 de julho.

Quarenta e seis sacerdotes belgas serão também deportados a Dachau devido a ações de resistência intelectual ou ativa. O belga mais célebre é o padre Leo de Coninck, superior dos jesuítas de Bruxelas e professor na universidade de Louvain, detido em outubro de 1941 por "ter feito, nos retiros pastorais, conferências ao clero, expondo uma síntese do nazismo: as razões da sedução que ele exercia sobre muitos, a incompatibilidade visceral de sua doutrina com o Evangelho e os melhores meios de combatê-lo".[4] O padre De Coninck é imediatamente detido, julgado e deportado a Dachau, aonde chega em 18 de junho de 1942. Será uma das figuras eclesiásticas mais luminosas do campo. A partir de 1944, as queixas da Gestapo contra os sacerdotes belgas dizem respeito a atividades mais operacionais: acolher resistentes, participar ativamente das redes ou dos *maquis*. Mas certos religiosos se lançaram desde o início nessas atividades, como o abade Charles Mauroy, detido em 11 de junho de 1941 por ter dado apoio financeiro e logístico a uma rede de informações sediada em Londres. Ele escapa por pouco à condenação à morte, e só chegará a Dachau em 1944, após passar por inúmeras prisões alemãs, como contou em um depoimento precoce, de 1946.[5] Luxemburgo, por fim, forneceu um importante contingente de religiosos a Dachau, com 16 deportados, o que representa proporcionalmente um efetivo significativo em relação a uma população estimada em 290 mil habitantes em 1939. O mais conhecido é o padre Jean Bernard, que foi secretário-geral do Ofício Católico Internacional de Cinema (ocic), de 1934 a 1940, e cuja história, contada em suas memórias,[6] inspirou o roteiro do filme *O nono dia*, de Volker Schlöndorff.[7] Detido em fevereiro de 1941 por causa de sua hostilidade notória às forças de ocupação, ele chega a Dachau em 19 de maio. É libertado entre 15 e 25 de fevereiro de 1942 e novamente preso, pois o policial encarregado de vigiá-lo nesse período não ficou convencido de sua submissão. É solto definitivamente em 6 de agosto de 1942, mas se desconhecem as razões de sua libertação.

ITALIANOS E IUGOSLAVOS

A repressão também ocorre nas regiões balcânicas ou latinas da zona de ocupação alemã. Na Iugoslávia, cerca de 50 religiosos – sérvios ortodoxos, croatas e eslovenos católicos – são deportados para Dachau. Muitos deles são acusados de terem mantido vínculos com os *partisans* que continuam atormentando as forças do Reich entre 1941 e 1944. A Itália, cujo norte é invadido pelos alemães em julho de 1943, após a derrocada do fascismo, paga um preço alto e tardio com 28 sacerdotes deportados, quase todos presos a partir de 1944. O padre dominicano Giuseppe Girotti é a figura mais emblemática. Deportado por ter protegido judeus, fornecendo-lhes documentos falsos e esconderijos, ele morre em Dachau no dia 3 de abril de 1945. Foi o único italiano a morrer nesse campo. Até os últimos momentos de sua presença na península, a polícia alemã persegue todas as pessoas passíveis de terem participado dos movimentos da resistência. O padre Albino Fabbro, por exemplo, é detido em 2 de fevereiro de 1945, em Udine, na fronteira com Eslovênia e Áustria, por seus supostos contatos com os *partisans*. Registrado em Dachau em 28 de fevereiro de 1945, ele faz parte do último grupo de religiosos a chegar ao campo.

ALSACIANOS E DA MOSELA: A VANGUARDA FRANCESA

Com 156 deportados, os religiosos franceses em Dachau constituem o terceiro grupo, depois dos poloneses e dos alemães. Assim como seus compatriotas leigos, a maioria deles chega a partir de 1944, pois os fluxos se intensificam com o desembarque aliado na Normandia. Os primeiros padres franceses que chegaram antes disso ao *Lager* ("campo") eram minoria. Muitos vêm da Alsácia e da Mosela, anexadas pela Alemanha após a derrota francesa em junho de 1940. Assim como no caso de seus confrades do além-Reno, em geral, sermões ou declarações em que manifestam oposição à doutrina nazista são a causa de sua deportação. O padre Auguste Haumesser, da paróquia de Sausheim, na periferia de Mulhouse, é um dos primeiros a serem detidos em março de 1942. Em sua casa, os investigadores encontraram dois textos de canções ridicularizando o Führer e uma carta na qual ele desaconselha o irmão, seminarista na França, a voltar para a Alsácia anexada. A polícia alemã também o acusa de ter deixado tempo demais uma bandeira francesa sobre o túmulo de um soldado de sua paróquia, morto em combate, e de levar os fiéis a entoarem cânticos em francês em sua igreja.[8] Ele é registrado em Dachau no dia 2 de setembro de 1942 após uma passagem pelo campo de Schirmeck. O loreno François Goldschmitt, pároco de Sarralbe-Rech, futuro memorialista da aventura dos sacerdotes de Dachau, é enviado ao campo em 16 de dezembro de 1942, por fazer sermões considerados hostis ao regime. No mesmo dia, o padre Robert Müller, de Guentrange, também chega a Dachau. Também originário da diocese de Metz, seus sentimentos "antigermânicos" causam sua detenção: ele havia solicitado uma autorização para ir à França, invocando sua nacionalidade francesa e refutando, desse modo, a legitimidade da anexação da Mosela pela Alemanha.[9]

CAPELÃES CLANDESTINOS DO STO E RESISTENTES

A partir de 1944, inúmeros religiosos franceses do "interior" encontram no campo seus colegas alsacianos e lorenos. É o caso do padre Alexandre Morelli. Esse dominicano de Marselha fez parte dos padres franceses – quase sempre ligados à Juventude Operária Cristã (JOC) e da Ação Católica – que partiram como capelães clandestinos junto aos trabalhadores franceses do Serviço de Trabalho Obrigatório (STO), instituído em 16 de fevereiro de 1943 pelo governo. A "missão São Paulo", organizada pelo arcebispo de Paris, cardeal Emmanuel Suhard, com o aval da Santa Sé, permite enviar 25 religiosos à Alemanha junto aos operários do STO, da Páscoa até outubro de 1943.[10] Enviado a Düsseldorf, o padre Morelli é preso em 28 de agosto de 1943, pois seu apostolado clandestino fora descoberto. Após ficar preso por sete meses, ele é julgado por "ações contra a segurança do Reich" e por "audição e [...] difusão de notícias de origem inimiga com o fim de propaganda".[11] Condenado, é enviado a Dachau, aonde chega em 5 de maio de 1944. Vários capelães clandestinos terão o mesmo destino: o jesuíta Victor Dillard e o abade Pierre de Porcaro, da diocese de Versalhes, lá morrerão.

O desembarque aliado na Normandia, em 6 de junho, provoca uma ruptura maior no ano de 1944: leva a Alemanha a esvaziar as prisões francesas e a mandar seus prisioneiros para os campos de concentração. Assim como muitos outros, esse é o destino de Jacques Sommet. Associado ao jornal *Témoignage Chrétien*, esse seminarista marcado pelo movimento de escotismo, lutara corajosamente durante a campanha da França, em 1940. Ligado ao padre Michel Riquet, ele se engaja na Resistência e participa de uma rota de fuga de jovens judeus para a Espanha. É detido pela Gestapo no dia 19 de maio de 1944, na Casa dos Jesuítas, na rua de Grenelle, em Paris, e levado à prisão de Fresnes. Após inúmeros interrogatórios e surras, é internado sem julgamento em Compiègne-Royallieu. Ao final de uma viagem terrível, "espécie de peregrinação que dura quatro dias",[12] chega a Dachau em 21 de junho de 1944, para sempre marcado pela sede, pela loucura e pelo terror. O abade Georges Henocque, 73 anos, que recebera 12 recomendações de condecoração na Primeira Guerra, ex-capelão da escola de Saint-Cyr, é preso em agosto de 1944 por fazer sermões contra a Ocupação, em junho daquele ano. De sua prisão de Fresnes, ele ouve a artilharia dos exércitos aliados que se aproxima de Paris. Mas sua esperança de libertação dura pouco. "Deus, em sua sabedoria, julgou que antes de me abandonar a essa felicidade, eu tinha uma difícil, mas útil e fecunda missão a fazer".[13] Ele é deportado para Buchenwald em 15 de agosto, de onde vai para Dachau. "Foi a travessia de Paris, de onde nos arrancaram no momento em que o exército de libertação alcançava suas portas", relembra.[14]

OS RELIGIOSOS DOS *MAQUIS*, FOCOS DE RESISTÊNCIA

Inúmeros sacerdotes e seminaristas participam das ações de guerrilha dos *maquis* no período da *Libération* ("Libertação"*) e caem nas mãos das forças alemãs. Certas zonas geográficas são mais atingidas, como os confins da Franche-Comté, às portas da Alsácia. O padre Jean Kammerer, ordenado em 1943, é um dos quatro vigários do padre Jean Flory, pároco em Montbéliard, que chamara atenção por colocar uma estrela amarela nas estátuas de Jesus, Maria e José, no presépio da igreja, no Natal de 1942. No verão europeu de 1944, Jean Kammerer participa da difusão clandestina do jornal *Témoignage Chrétien* e do *Courrier de T.C.* e se aproxima do *maquis* que se constituiu nas montanhas do Lomont, perto da fronteira suíça. Ele é detido em 8 de outubro de 1944 após ter sido denunciado por dois desertores do Exército alemão. De Montbéliard, é levado a Belfort, onde encontra três outros resistentes: o padre Louis Martin, pároco de Lachapelle-sous-Chaux, o padre Émile Pierre, pároco de Giromagny – condenado à morte e perdoado – e seu vigário, o padre Juste Besançon. Transferidos para Schirmeck, no Baixo Reno, eles partem para Dachau em 26 de outubro e chegam no domingo seguinte, dia de Cristo-Rei, ao cabo de uma viagem de trem de três dias em condições terríveis.[15] Em janeiro de 1945, o padre Kammerer reencontra em Dachau o padre Edmond Fesselet, também vigário em Montbéliard. Detido em 18 de setembro de 1944 por ter evocado a "liberdade almejada" em um sermão, chega a Dachau após uma passagem por Buchenwald. Muitos sacerdotes franceses, assim como seus colegas leigos, passaram pelos campos de Buchenwald ou de Mauthausen antes de Dachau, seja no início de 1945, seja nas últimas semanas do conflito.

---

* N.T.: Período da tomada progressiva da França pelos Aliados com a expulsão dos alemães.

ÚLTIMAS CHEGADAS

Alguns dos últimos sacerdotes que chegam a Dachau, em 1945, estiveram entre os primeiros detidos, mas suas passagens por prisões ou campos de concentração foram complexas, sinal de que a decisão de 9 de novembro de 1940 – reunir todos os religiosos em Dachau – não foi aplicada sistematicamente.[16] Por exemplo, o jesuíta Louis Valton, diretor de um asilo em Nancy, é interpelado em junho de 1941 por ter ajudado prisioneiros de guerra. De todos os sacerdotes franceses deportados a Dachau, ele foi o primeiro a ser preso. No entanto, foi um dos últimos a chegar, quando ninguém mais sabia o que lhe tinha acontecido. Em uma correspondência de 1943, seu irmão André demonstrava preocupação por não ter nenhuma notícia dele.[17] De fato, após sua detenção em Nancy, o padre Valton passou pela prisão da Santé, em Paris, e pelo forte de Villeneuve-Saint-Georges, na periferia da cidade. Em agosto de 1942, é levado para a Alemanha, onde transita por Munique, Bonn, Hanover até chegar a Dachau em 27 de março de 1945. O percurso do abade Robert Beauvais, vigário da paróquia São Tomás de Aquino, em Paris, é semelhante, ainda que tenha menos etapas. Membro da Rede Cometa da Resistência, que auxilia os aviadores aliados abatidos em solo francês, ele cai em uma cilada em 1º de março de 1943. Seu pároco, embora soubesse da intervenção da Gestapo, não o avisara. Ele chega a Dachau somente em janeiro de 1945 após uma longa passagem por Buchenwald.[18]

Cabe mencionar, enfim, os últimos sacerdotes que chegam ao campo às vésperas da Libertação, em 28 de abril de 1945. Fazem parte do "comboio da morte", constituído em 7 de abril durante a evacuação de Buchenwald. Tendo partido da estação de Weimar, chega a Dachau após vagar três semanas pela Alemanha bombardeada. As forças americanas tiraram inúmeras fotografias horrendas de montes de cadáveres abandonados. Nesse comboio atroz, encontram-se, entre outros, o padre Pierre Harignordoquy[19] e Eloi Leclerc, jovem franciscano. Enviado a Colônia pelo STO, ele fora detido em julho de 1944 com cerca de 60 religiosos e seminaristas em uma grande batida. Dos 4.480 deportados que se amontoavam nos vagões desse comboio, apenas 816 sobreviventes chegaram a Dachau.

> A maioria morria de esgotamento. Alguns, de disenteria; outros, de erisipela. Estes eram horríveis de ver. Em uma noite, em um dia, ficavam irreconhecíveis. Seus rostos inchados, avermelhados, se desfiguravam completamente. Delirando de febre, esses infelizes urravam na madrugada: pediam água. Os SS os calavam a coronhadas. Pela manhã, jaziam mortos.[20]

Eloi Leclerc encontra três franciscanos em seu vagão. Um deles está moribundo. Entretanto, os quatro entoam o "Cântico do irmão Sol", composto por São Francisco de Assis: "Louvado sejas, meu Senhor, pelos que perdoam por teu amor, e suportam enfermidades e tribulações. Bem-aventurados os que sustentam a paz, que por ti, Altíssimo, serão coroados".

ORGANIZAÇÃO DO CAMPO

Ali haverá muito pranto e ranger de dentes.
(Mateus, 25,30)

O objetivo do campo de Dachau é neutralizar os elementos considerados indesejáveis pelo regime nazista, mas também ser um ponto de passagem obrigatório para os homens da ss que, além das tarefas de vigilância e de administração, vão para lá aprender a ser insensíveis e a acabar com os resquícios de compaixão que ainda subsistiriam. Desse modo, "campos de concentração, casernas e vilas ss"[1] foram projetados e construídos como unidades indivisíveis, modelo encontrado igualmente em Buchenwald e em Sachsenhausen.

ARBEIT MACHT FREI

O terreno de Dachau se compõe de dois setores complementares. A oeste, situam-se as casernas da ss, a infraestrutura logística, os equipamentos destinados ao treinamento e belas mansões. A leste, desenhando um quadrilátero regular de 278 m x 583 m, estende-se o campo de concentração, vigiado por um impressionante dispositivo para dissuadir qualquer veleidade de fuga. Se alguém desejasse fugir, precisaria transpor uma "zona neutra" de três metros de extensão, estritamente proibida, correndo o risco de uma morte imediata, escalar uma cerca de arames farpados eletrificados, sob o olhar dos guardas instalados em sete torres de vigia, cada uma delas equipada com duas metralhadoras. Somente o lado do campo adjacente ao quartel ss não tem muro de cimento, mas um fosso com água que forma um obstáculo substitutivo eficaz.

É neste lado que se encontra o único acesso ao campo: o *Jourhaus*. Esse termo, próprio ao universo dos campos de concentração alemães, designa o prédio que abriga a guarda. A construção austera é encimada por um posto de observação. No centro, há uma pesada grade de ferro, onde está inscrita a divisa *"Arbeit macht frei"* ("O trabalho liberta"), que todos os prisioneiros atravessam para chegar à *Appelplatz*, uma praça imensa onde são feitas as chamadas diárias. Logo à direita, há um prédio imponente, enquanto à esquerda estão dispostos, ao longo de várias centenas de metros, os pavilhões do campo. A grande construção, que ocupa quase toda a extensão do campo, é batizada de *Wirtschaftsgebaüd* (Prédio da Intendência) e abriga vários serviços, como a lavanderia, as cozinhas, um grande banheiro utilizado também para as desinfecções, uma peça reservada aos pertences pessoais e também porões. No teto desse prédio está inscrito, em letras gigantescas, um novo slogan que os prisioneiros devem assimilar: *"Es gibt einem Weg zur Freiheit. Seine Meilensteineheisen: Goehorsam, Fleiss,*

Ehrlichkeit, Ordnung, Sauberkeit, Nüchternheit, Wahrhaftigkeit, Opfersinnund Liebe zum Vaterland!" ("Há um caminho para a liberdade. Suas balizas se chamam: obediência, aplicação, lealdade, ordem, sobriedade, sinceridade, amor e devoção à pátria"). Dissimulado atrás desse prédio, ergue-se o *bunker*, a prisão do campo, com 136 celas nas quais ficam as personalidades detidas em Dachau e os SS punidos.

TRINTA *BLOCKS*

Os pavilhões – ou *Blocks* –, com 100 metros de comprimento e 10 de largura, ocupam quase toda a superfície do campo. São 34: 17 a leste e 17 a oeste, dispostos perpendicularmente a uma vasta alameda central, plantada com álamos, a *Lagerstrasse* ("rua do campo"). Os quatro pavilhões mais próximos da *Appelplatz* ("praça da chamada") destinam-se a funções de apoio: originalmente, ali se encontram a enfermaria – ou *Revier* –, uma cantina e uma biblioteca. Nos outros pavilhões, numerados de 1 a 30 (pavilhões ímpares a leste, pares a oeste), vivem os prisioneiros quando não estão trabalhando. "Todo o campo era equipado de maneira moderna. Os pavilhões correspondiam ao padrão das casernas alemãs da época",[2] observa Stanislas Zamenick. Cada pavilhão é dividido em quatro espaços – ou *Stuben* –, que compreendem um dormitório, onde ficam dispostos beliches de três andares com colchões e travesseiros de palha, e um espaço comum equipado com uma salamandra de porcelana, onde os prisioneiros dispõem de um armário estreito para guardar os objetos indispensáveis: vasilha, colher, toalha, escova para os sapatos. Há luz elétrica. Por par, os dormitórios compartilham um espaço sanitário com vasos de um lado e pias do outro. Cada dormitório tem capacidade para 52 pessoas, ou seja, um total de 6.240 pessoas no campo todo. Nos dormitórios e áreas comuns, ninguém tem preferência, exceto os *Prominent* ("privilegiados"), as personalidades, que têm ligeiras vantagens e espaços reservados. Entre os pavilhões, o espaço disponível é usado como pátio. Dentro do campo, atrás dos pavilhões 29 e 30, bem no final da rua, encontra-se o pavilhão de desinfecção, onde as roupas sujas dos prisioneiros são desinfetadas dos vermes e miasmas. Ao lado, existem gaiolas de criação de coelhos angorás, cuja pele adorna o uniforme dos aviadores alemães. Por fim, nessa área do campo, há uma horta cujos legumes são teoricamente destinados à alimentação dos prisioneiros e dos guardas.

À primeira vista, a rigorosa organização do campo de Dachau, e dos pavilhões em particular, parece sóbria e funcional. Porém, na realidade, esse quadro milimetricamente traçado é perturbado por disfunções provocadas pela evolução dos acontecimentos ou pelas aberrações do sistema de perseguição nazista. Por exemplo, a superpopulação dos campos, as epidemias e a necessidade de quarentenas logo perturbam a ordem prevista e tornam o dia nos pavilhões intolerável. Quanto à infraestrutura destinada a funções de apoio, elas não enganam. A existência de um refeitório soa como um paradoxo sádico em um universo onde reina a subnutrição crônica. Os amplos chuveiros servem mais para punir e humilhar os prisioneiros do que para lavá-los. O mesmo para a água, que pode ser fervente ou glacial. Da enfermaria, por fim, é mais frequente sair morto do que curado, e os deportados só vão para lá em último caso. As alamedas plantadas de árvores e a aparente limpeza dos pavilhões, mantidos pelos prisioneiros sob muita surra e insultos, não passam de um simulacro.

O FORNO CREMATÓRIO E A PLANTAÇÃO

Do lado de fora do campo, encontra-se o crematório e a plantação. Por ordem de Himmler,[3] os prisioneiros que morrem nos campos de concentração não devem ser enterrados de maneira tradicional, mas cremados. Nos anos que antecederam à guerra, antes da escalada da mortalidade nos campos, os prisioneiros mortos eram enviados aos crematórios tradicionais das cidades das redondezas. Durante sete anos, os mortos de Dachau foram levados a um crematório de Munique. Em 1940, as autoridades decidem construir sua própria instalação no setor ss, e não no campo. Trata-se de um pavilhão isolado de madeira, no meio de uma clareira à qual se chega saindo do campo pelo *Jourhaus* e virando à direita em uma estrada. Em linha reta, ele fica bem perto da horta, mas é preciso fazer um longo desvio para chegar lá. As capacidades desse crematório, que tem duas aberturas, mostram-se logo insuficientes. Os prisioneiros constroem então um segundo crematório, de pedra, que passa a funcionar na primavera europeia de 1943.[4] Ele é denominado "Pavilhão x", e os cadáveres desaparecem ali com uma velocidade industrial. Do campo, os prisioneiros conseguem ver a imponente chaminé que solta fumaça continuamente. "Com o vento do oeste que soprava com frequência, todo o campo ficava impregnado por um odor penetrante de cadáveres que, lembrando-lhes sua morte próxima, deprimia os prisioneiros", lembra-se Johann Neuhaüsler.[5] A partir do final de 1944, até mesmo esse crematório potente se revelará insuficiente.

O segundo setor externo ao campo, que tem um papel essencial, é uma vasta área do lado oriental do campo. Trata-se da *Plantage*, ou plantação. De fato, as autoridades haviam decidido fazer do campo de Dachau um importante centro de horticultura e de produção de plantas medicinais. Já em 1938, um grande número de prisioneiros – sobretudo judeus – prepara o terreno de um vasto perímetro pantanoso, com 500 metros de comprimento na parte larga, para torná-lo apto à cultura. As condições de trabalho são muito duras: não há ferramentas, faz muito frio na maior parte do ano e é muito úmido. Depois de cavar os canais e drenar o terreno, os prisioneiros podem então cultivar múltiplas variedades de plantas na estufa da *Plantage* ou ao ar livre, especialmente azaleias e gladíolos, conhecidos por sua beleza, vendidos ou diretamente colhidos para decorar as casas dos ss.

OS GUARDAS SS

Assim como o funcionamento logístico do campo, frequentemente aberrante mas com uma aparência rigorosa, o exercício do poder nos campos dissimula rivalidades, acertos e conluios. No papel, a organização é clara. O comandante, que controla simultaneamente o campo ss e o campo dos prisioneiros, é a autoridade suprema e se apoia nos diferentes serviços da *Kommandantur*. No que diz respeito à administração do campo de detenção *stricto sensu*, ele é auxiliado por um ou vários *Schutzhaftlagerführer*, chefes de campo "responsável[is] pela contagem dos prisioneiros, pela ordem, pela execução das punições e pelo programa diário".[6] O *Rapportführer*, ou chefe inspetor, é encarregado de executar as decisões dos *Lagerführer*, garantir a ligação com os pavilhões, dirigidos pelos *Blockführer*, ou chefes de pavilhões, "geralmente terroristas insensíveis, escolhidos a dedo"[7] e com os *Kommandos* (Equipe de Trabalho), igualmente comandados por guardas ss. Paralelamente a essa engrenagem funcional, a *Politische Sektion*, ou seção política, representa a Gestapo no campo e age com toda autonomia. É ela que administra os internamentos, faz os interrogatórios e intervém durante as raríssimas libertações.

Os ss encarregados da vigilância do campo pertencem a unidades especiais, criadas por Theodor Eicke, que comandou Dachau de julho de 1933 a julho de 1934, quando se tornou inspetor-geral dos campos de concentração a pedido de Himmler. Chamado de *"Papa Eicke"* por seus soldados, esse homem de compleição robusta e traços brutais, havia decidido reorganizar o corpo da guarda do campo. Tinha ficado com uma impressão negativa da guarda ss que encontrara em Dachau em 1933. Composta de indivíduos com má reputação, corrompida, ela devia ser transformada em unidade de elite, julgava ele. Segundo Eicke, os ss destacados para os campos não são meros carcereiros, mas combatentes em contato direto com os inimigos do Reich.[8] Assim, ele reforma as antigas *Wachbände* (Unidades de Vigilância), impõe aos homens uma formação ideológica e um treinamento físico severos a fim de constituir uma unidade de elite, autônoma, desatrelada dos grandes ramos da ss – a *Allgemeine-ss* (ss Geral) em particular –, que poderiam ficar tentados a controlá-la. Em março de 1936, os guardas formam as ss-*Totenkopfberbände* (Formações ss Caveira) destinadas apenas à guarda dos campos de concentração. Três regimentos são formados: *Oberbayern*, *Brandenburg* e *Thüringen*, lotados respectivamente em Dachau, Buchenwald e Sachsenhausen.[9] Alguns dos futuros líderes do projeto de extermínio nazista se formam nessas unidades. Rudolf Höss, futuro comandante de Auschwitz,[10] serve em Dachau de 1934 a 1938. Adolf Eichmann[11] passa alguns meses lá em 1934. Sua atuação no campo ss é confirmada, mas sua atuação no campo dos prisioneiros não é totalmente conhecida.[12] Dois chefes sucedem a Eicke até 1940: o *ss-Oberführer* Heinrich Deubel e o *ss-Oberführer* Hans Loritz.[13]

A natureza do contato entre os prisioneiros e a ss evolui com o tempo. De 1933 a 1938, os guardas são muito presentes no campo, enquanto os oficiais inspecionam frequentemente as dependências, acompanhados das mais altas autoridades do regime nazista, a começar por Himmler. Com a passagem à fase "industrial", a partir de 1939-1940, marcada pelo aumento impressionante do número de prisioneiros e da mortalidade, assiste-se a uma retirada relativa dos ss, ao passo que os campos se tornam "uma verdadeira base para aqueles soldados da elite Caveira que escapam do front", e que não têm nenhuma pressa em voltar para lá. São vistos todos os dias durante as chamadas, com frequência intermináveis, nos postos de vigia ou durante as punições. Porém, ao longo do tempo, sua presença vai diminuindo e uma "parede elástica"[14] se ergue entre eles. O volume crescente de prisioneiros, o temor das epidemias e o *front*, que traga muitos SS – muitas vezes substituídos por ucranianos ou croatas –, explicam esse fenômeno. As tarefas e responsabilidades atribuídas aos *Kapos*[15] são cada vez mais numerosas.

O SISTEMA DOS *KAPOS*

A cada escalão da organização SS, ou quase, corresponde um equivalente entre os prisioneiros, que participam da administração do campo. O equivalente do chefe de campo é o *Lägerälteste*, veterano responsável pelo campo diante da SS. A *Schreibstube*, secretaria, é subordinada ao chefe inspetor e se encarrega da gestão dos fichários dos prisioneiros e da atualização de suas atividades nos pavilhões e nos *Kommando*s de trabalho. Os *Blockälteste*, veteranos dos pavilhões, asseguram a coordenação e a execução das instruções nos pavilhões, auxiliados pelos *Stubendienste*, que se ocupam dos dormitórios. Certos *Kommando*s trabalham apenas sob o controle de *Kapo*s selecionados pela SS e que se distinguem, quase sempre, por sua crueldade.

O *Kapo* é a peça-chave do perverso sistema de autoadministração imposto pelos nazistas e no qual os piores inimigos dos prisioneiros se tornam os próprios prisioneiros. As rivalidades entre eles, causadas pelas diferenças de *status* – prisioneiros comuns contra presos políticos – e de nacionalidade, aguçadas por medo, cansaço e fome, levam a uma autoneutralização e permitem que os SS mantenham uma certa distância. "A terrível luta de interesses entre os prisioneiros devia ser mantida ininterruptamente em um espaço reduzido", testemunha Eugen Kogon.[16] O padre Grégoire Joannatey, prior da abadia beneditina francesa Notre-Dame de Belloc, em Urt, é detido em 14 de dezembro de 1943 com o abade primaz Jean-

Gabriel Hondet, devido às suas atividades na rede Shelburn, que organizava a fuga de resistentes e de pilotos abatidos em solo francês. Ele faz uma síntese dessa organização em suas memórias dos campos de Buchenwald e de Dachau:

> Todos os prisioneiros políticos da Europa, desde o policial dinamarquês até o anarquista espanhol, passando pelo judeu húngaro, o comunista ou o gaullista francês, são misturados de propósito para que se neutralizem. E esses políticos são misturados a todos os delinquentes, a todos os criminosos do continente, traficantes de mercado negro, ladrões, chantageadores, proxenetas, pederastas. Professores da Sorbonne ou universitários, industriais, oficiais, deputados, religiosos, tudo isso lado a lado com canalhas traquejados.[17]

Nessas circunstâncias, o *Kapo* pode se tornar alguém mais temido do que o ss.

OS CAMPOS SATÉLITES

Ao redor do campo de Dachau gravita uma constelação de campos anexos e de *Kommandos* externos, cujas ramificações se desenvolvem à medida que aumentam as necessidades de mão de obra do Reich. Os primeiros grupos de trabalho externos são formados antes da guerra e se unem aos internos, que empregam os prisioneiros em diferentes tarefas diárias determinadas pelos ss. As tarefas desses *Kommandos* externos são variadas. Até 1940-1941, alguns são destinados à extração da turfa ou a pedreiras; outros fazem atividades braçais, constroem residências confortáveis para os ss ou trabalham na construção de um viveiro de peixes em Ampelmoching, perto do campo. Um *Kommando* externo atua na fábrica de porcelana de Allach, município situado entre Dachau e Munique.[18] Ali se fabricam objetos – louças e miniaturas – dentro do cânone estético da ordem nazista, que Himmler gostava de oferecer a seus ss.[19]

A partir de 1942, não se pode mais desperdiçar a força de trabalho dos prisioneiros nesses *Kommandos* de funções acessórias. Os revezes sofridos na frente russa e o desembarque americano na África do Norte marcam o fim das vitórias militares alemãs. As autoridades decidem então intensificar o esforço de produção industrial, em particular de material bélico. Campos para os prisioneiros são construídos às pressas perto das fábricas. Embora esses centros funcionem de maneira quase autônoma, com suas próprias estruturas, permanecem ligados administrativamente a Dachau, onde os prisioneiros estão registrados. O *Kommando* de porcelana de Allach dá lugar, assim, a um vasto campo anexo construído a partir de fevereiro de 1943 e que abriga até o fim da guerra entre 3.500 e 5 mil prisioneiros, que produzem motores de avião nas fábricas BMW. Em Augsburgo, outro campo anexo é criado no início de 1943 para receber os prisioneiros que trabalham nas fábricas Messerschmitt, regularmente bombardeadas pelos Aliados. No ano seguinte, no âmbito do *Jägerprogramm* (Programa Caças), coordenado por Albert Speer,[20] dois grupos de campos anexos são totalmente criados em Kaufering e em Mühldorf, a oeste e a leste de Dachau, para construir gigantescos *bunkers* subterrâneos, onde seriam produzidos os caças mais modernos da Luftwaffe (Força Aérea alemã). Os prisioneiros, que realizam tarefas extenuantes, moram em abrigos cavados na terra, recobertos com pranchas coladas com argila e sem calefação, nos quais se enterram quando não estão trabalhando. No total, entre 150 e 200 *Kommandos* e campos externos estariam ligados ao campo principal de Dachau.

CHEGADA A DACHAU

Sirvo de escárnio todo o dia; cada um deles zomba de mim.

(Jeremias, 20,7)

A vida ou a morte no campo de concentração dependem do lugar a que cada um é destinado em sua chegada. "Quem não tivesse capacidade de adaptação, talento de organização, zelo, espírito comercial, audácia e também sorte, era um pobre homem fadado à morte no campo de concentração", ressalta o padre Goldschmitt.[1] Assimilar o mais rápido possível as regras, dominar o vocabulário básico em alemão dos campos, identificar o mais rápido possível os companheiros confiáveis, descobrir as inúmeras "manhas" que regem a vida cotidiana são condições vitais para se manter vivo. Ser orientado para um determinado pavilhão ou *Kommando* de trabalho pode ser sinônimo de alguns meses extras de vida ou de uma morte rápida.

ZUGÄNGE

Os prisioneiros podem ser levados a Dachau em caminhões, em trens de passageiro ou amontoados em vagões de carga mortais. Para os religiosos, que, na maioria, não atuarão em *Kommandos* externos ou em campos satélites, a passagem pelo vilarejo de Dachau que precede ao internamento permite um derradeiro contato com os civis e o mundo da liberdade. O uso da batina não parece comover a população civil. "Nas estações, os homens livres, crianças loiras, circulam e nos ignoram", lembra-se o padre Sommet quando evoca sua chegada a Dachau e sua "estação de trem do interior com o nome em letras góticas".[2] O jesuíta relembra até mesmo as pedras atiradas por essas crianças nos sobreviventes de seu comboio, que partira de Compiègne quatro dias antes.[3] Mas as reações nem sempre são penosas. O padre Kammerer fica surpreso em sua chegada com o espanto discreto da população local, ao constatar a presença de sacerdotes entre os prisioneiros. "*Auch Priesten?*" ("Sacerdotes também?"), ele ouve quando atravessa a cidade escoltado por guardas ss.[4] "O contato entre a população e os prisioneiros era estritamente proibido [...]", relembra o padre beneditino Maurus Münch, da abadia São Matias, de Trier, preso em Dachau em 11 de outubro de 1941. "Infringir essas proibições acarretava penas severas para os prisioneiros [...]. Para a população, era a prisão ou o campo de concentração."[5]

Chegando ao campo, os deportados são levados ao *Jourhaus*. Transposta a grade, aqueles que ainda não conheciam os campos, Buchenwald ou Sachsenhausen, sofrem um choque violento. A imensidão da praça de chamada, a visão dos prisioneiros emaciados, os urros dos SS, os latidos dos pastores-alemães e, às vezes, as primeiras chicotadas, fazem os *Zugänge* ("recém-chegados") entrarem em um mundo novo. Capturado em setembro de 1944, em um *maquis* perto de Epinal, quando estava se preparando para o noviciado jesuíta, o padre Gérard Pierré sofre esse impacto quando atravessa o *Jourhaus* em 6 de setembro. "Mudamos completamente de mundo", rememora. "A imagem que me vem à mente é a de um quadro surrealista. Fico perplexo. Não é o sentimento da violência que me assalta, mas o da surpresa."[6] Diante das grades do campo, o padre Sommet se sente "só perante Deus."[7]

Os sacerdotes precursores, sobretudo poloneses, que passaram por uma primeira experiência em campos tão temíveis quanto Mauthausen-Gusen ou Oranienburg-Sachsenhausen, antes da decisão de reunir todos no mesmo campo, no final de 1940, não tiveram essa sensação tão forte ao chegar a Dachau. Alguns tiveram até mesmo uma sensação fugaz de melhores condições de detenção. "A recepção aos religiosos se deu em condições razoáveis, motivo pelo qual parecia que não havia mais por que se preocupar no futuro. Muitos padres ficaram cheios de esperança", observa o padre Bedrich Hoffman, pároco de Horni Becva, na Tchecoslováquia, detido em julho de 1940 e levado definitivamente a Dachau em outubro de 1941, após passar por vários cárceres, incluindo uma passagem anterior pelo campo bávaro, em dezembro de 1940.[8]

AS MODALIDADES DE ADMISSÃO

Na praça de chamada, os recém-chegados preenchem grandes fichas com uma série de informações. A seguir, elas são processadas pelos prisioneiros mais antigos, que trabalham em *Kommandos* administrativos. Essa etapa é crucial, pois pode determinar para quais pavilhões e *Kommandos* os deportados irão. Solidariedades informais – baseadas nas nacionalidades, nos vínculos partidários ou nas convicções religiosas – beneficiam certos novatos com orientações favoráveis no momento do registro. Os sacerdotes aproveitam essas redes de apoio. Alguns colegas se aproximam da praça de chamada durante as admissões e dão conselhos discretos aos recém-chegados. Além disso, graças ao seu alto nível de instrução, os religiosos estão muitas vezes presentes nos setores administrativos, o que lhes permite auxiliar os recém-chegados, leigos ou sacerdotes. Por causa dessas manobras, que acabam sendo descobertas, o acesso dos sacerdotes à administração é limitado pelo comando de Dachau a partir de março-abril de 1944.[9]

No entanto, essas solidariedades continuam a funcionar até as últimas chegadas, apesar dos riscos. Quando o padre Joannatey é transferido de Buchenwald a Dachau, em 7 de janeiro de 1945, acompanhado pelo padre Jean-Gabriel Hondet, o abade primaz da abadia de Notre Dame de Belloc, fica surpreso ao ser calorosamente recebido por dois colegas beneditinos: o padre alemão Martin Fischer,[10] da abadia de São Matias, de Trier, e um monge da abadia belga de Mared-sous. Eles se ajoelham imediatamente aos pés da figura eminente do abade primaz francês para receber sua bênção.[11] A informação da chegada dos colegas beneditinos passou de boca em boca.

A DESUMANIZAÇÃO

Ouvindo zombarias e risos de escárnio dos guardas, os sacerdotes passam por uma série de etapas que visam à desumanização rápida dos prisioneiros. Os recém-chegados entregam todos seus objetos pessoais, colocados em sacos de papel e guardados nos prédios administrativos. Para os religiosos, essa etapa tem um significado particular, pois a batina é o sinal visível de seu sacerdócio. Além das vestimentas, eles entregam também seus objetos religiosos, bíblias, missais, medalhas e rosários. Totalmente despidos, são barbeados da cabeça ao púbis, inclusive as axilas, com navalhas rudimentares que arrancam os cabelos e os pelos. Outros prisioneiros são então encarregados de os besuntar com cresol, um desinfetante poderoso. Nas mucosas genitais e nas zonas que acabam de ser raspadas, esse produto provoca fortes queimaduras que levam os homens a se curvar de dor. A sessão termina com um banho de chuveiro coletivo – com água fervente ou glacial – no grande banheiro dos *Wirtschaftsgebäude* (Prédio da Intendência).

Depois de desinfetados e lavados, os deportados recebem roupas surradas de todo tipo. Raríssimos são os que têm um uniforme listrado regulamentar, considerado como uma "espécie de luxo"[12]. Em vez disso, enfiam calças, camisas e casacos de qualquer tamanho: o efeito é grotesco. Para poder identificar facilmente os *Häftlinge* ("prisioneiros"), os casacos são abertos nas costas e recosturados grosseiramente com pedaços de pano em forma de cruz de Santo André. Por fim, os prisioneiros recebem uma vasilha, uma colher e tamancos de madeira; para segurá-los nos pés, é preciso crispar os dedos dolorosamente. Concluindo o processo de desumanização e a redução dos deportados ao estado de *Stück* ("coisa"), cada um deles recebe um número de matrícula e um triângulo de tecido que corresponde à sua categoria. Quase todos os religiosos recebem o triângulo vermelho, o dos "políticos".

NO PAVILHÃO DE QUARENTENA

Terminado o registro, "uma espécie de bando de mendigos se dirige em filas para o pavilhão de quarentena"[13], destinado a prevenir a propagação dos germes que os prisioneiros poderiam ter trazido e a aclimatá-los à nova realidade. Esse isolamento, de duração aleatória, mergulha os deportados em um universo tão brutal quanto desconhecido. Os religiosos enfrentam dificuldades específicas devido ao sacerdócio, que pode angariar a hostilidade dos outros prisioneiros. Eles podem suscitar a aversão ideológica de prisioneiros comunistas, mas também a violência verbal ou física dos prisioneiros comuns, que têm prazer em chocar os padres. Quando chega ao pavilhão de quarentena, o padre Jean Bernard, por exemplo, leva uma surra do chefe do pavilhão, enquanto os SS e os outros prisioneiros se divertem.[14] Nos dias seguintes, só é chamado de "padreco porta-ovo" pelos *Kapos*, alusão a seu chapéu sacerdotal que tem uma forma característica.[15] À exceção dos que vieram da Alsácia e da Mosela, os primeiros franceses que chegam a partir de 1944 têm uma deficiência extra, pois sofrem de má reputação, não somente entre os alemães, mas também entre os poloneses, que julgam terem sido abandonados pela França na invasão alemã de setembro de 1939. Sua situação vai melhorar com a chegada maciça de seus compatriotas.

Nos pavilhões de quarentena, os deportados descobrem as regras de funcionamento que vigorarão em seus pavilhões definitivos. Sob a responsabilidade dos chefes de pavilhões e dos responsáveis pelo dormitório, controlados pelos SS, eles são incumbidos das tarefas de abastecimento, de limpeza e de manutenção e conhecem a fome e o amontoamento nos beliches, com três pessoas por colchão. Ainda não são submetidos às sessões de chamada que reúnem todos os prisioneiros na praça de chamada, mas precisam fazer esse exercício no pátio estreito que separa os pavilhões uns dos outros, isolado da rua do campo por uma grade vigiada. Apesar de um efetivo mais limitado, a chamada – refeita até três vezes por dia – pode durar um tempo interminável, tornando o exercício extenuante, sobretudo no inverno. Mesmo não participando de *Kommandos* de trabalho, os prisioneiros em quarentena são proibidos de permanecer dentro dos pavilhões durante o dia e obrigados a ficar no pátio, independentemente das condições climáticas. Os recém-chegados logo descobrem os inúmeros estratagemas criados pelos antigos para limitar, na medida do possível, os sofrimentos ligados às condições climáticas, às vezes muito severas. "A imagem mais típica do pavilhão de quarentena é um amontoado de corpos espremidos uns contra os outros, chamado de 'rolo' [...] ou de 'bola': colados uns nos outros, adotam uma espécie de balanço ritmado que esquenta pouco a pouco", relata o padre Pierré para lembrar esses momentos de espera interminável no frio.[16]

"Câmara de descompressão" entre o mundo livre e o universo dos campos de concentração, a fase de quarentena representa uma transição capital para os prisioneiros. Durante esse período, eles descobrem todas as leis, os não ditos e as astúcias que podem condicionar sua sobrevivência. Identificar rapidamente os camaradas confiáveis, garantir uma vigilância permanente de seus parcos objetos pessoais, aprender como baixar os olhos diante de um ss são códigos que, se não forem logo dominados, farão cruelmente falta aos deportados quando saírem da quarentena.

BLOCKS E KOMMANDOS

*Assim que lhes fizeram amargar
a vida com dura servidão, em barro
e em tijolos, e com todo o trabalho
no campo; com todo o seu serviço,
em que os obrigavam com dureza.*

(Êxodo 1,14)

Após o período de quarentena, os prisioneiros são inseridos em um ambiente cujos pilares são o pavilhão e o *Kommando*, onde se desenrola o essencial de sua vida no campo. Até o fechamento provisório de Dachau, em setembro de 1939, os primeiros religiosos a chegar têm o mesmo destino dos prisioneiros comuns e não vão para um pavilhão específico; em geral são encaminhados ao pavilhão penitenciário. São designados a *Kommando*s variados, como o da pedreira de cascalhos – a *Kiesgrube* –, famoso por sua crueldade.[1] Distribuídos de setembro de 1939 a fevereiro de 1940 entre os outros campos do Reich, eles vão voltando a conta-gotas até dezembro de 1940, quando todos são novamente reunidos. Destinam-lhes, então, dois pavilhões específicos, 28 e 30, aos quais se soma, no início de 1941, o 26, onde ficam confinados os mais fracos, mais velhos e doentes.[2] Esses três pavilhões ficam ao norte do campo, no lado ocidental da *Lagerstrasse*. Até outubro de 1941,[3] momento em que o pavilhão 26 é reservado apenas aos alemães, todas as nacionalidades ficam misturadas ali. Embora a historiografia e os depoimentos sobre Dachau evoquem com frequência "o" pavilhão dos padres, a expressão é inadequada, pois no mínimo dois pavilhões foram utilizados para alojá-los. São idênticos aos outros, com seus dormitórios e sanitários.

PANELAS E NEVE

No final do ano de 1940, os sacerdotes são encarregados de transportar dentro do campo os panelões de sopa e o carvão para os fogões. Esse trabalho logo revela uma dificuldade insuspeita. Encarregado de transportar as panelas das cozinhas até o pavilhão 26 com o padre Hugo Pfeil, também da diocese de Trier, o padre Maurus Münch relembra:

> Era uma tortura horrível para corpos extenuados. Tínhamos que carregar o carvão, que pesava 75 quilos, por quatrocentos metros, em passo acelerado, com tamancos de madeira. Forçavam-nos a correr com qualquer tempo, com neve, gelo ou lama, no frio cortante ou no sol escaldante. Muitas vezes perdíamos os tamancos no caminho. Corríamos com um tamanco só ou descalços. Os *Kapos* e os SS ficavam gritando conosco. Cerrávamos os dentes em silêncio. Orávamos a Deus em silêncio.[4]

O transporte da sopa se torna quase impraticável quando a neve cobre a praça de chamada e a rua do campo, sobretudo porque o *Kapo* do campo, chamado Rudolf Hentschel, exagera no sadismo para apressar a corrida dos carregadores.[5]

Além do transporte da comida e do combustível, os religiosos precisam limpar a neve assim que ela cai. Com ferramentas rudimentares, mal agasalhados e mal calçados, eles tentam cumprir a tarefa como podem, utilizando os recursos que têm, como mesas viradas que lhes servem de pranchas. A retirada da neve ocasiona uma das primeiras punições coletivas infligidas aos sacerdotes por Rudolf Hentschel e Karl Kapp, o veterano do campo. Num sábado, dia 1º de fevereiro de 1941, ao perceber que certos prisioneiros tinham sumido durante essa tarefa na praça de chamada, Hentschel reúne todos os sacerdotes. Ele escolhe cerca de 40 para juntar a neve com seus bonés e depois marchar a passo de ganso, escandindo: "Não devo fugir do trabalho". Ouvindo as zombarias dos SS, são obrigados a pôr o boné cheio de neve na cabeça. Por fim, três dos padres que tinham escapado à tarefa são condenados pelo chefe de campo Egon Zill a ficarem pendurados pelos punhos, presos às costas, por uma hora.[6] Esse suplício, denominado "do poste", leva as vítimas à beira da desarticulação e exige semanas de convalescença, quando não é fatal. Ninguém é poupado do trabalho, independentemente da idade ou do estado de saúde.

"PRIVILÉGIOS" TEMPORÁRIOS

Em fevereiro de 1941, no entanto, a situação dos religiosos melhora de modo inesperado graças às negociações do Vaticano com as autoridades nazistas. Eles continuam tendo de transportar a comida, mas agora se beneficiam de repousos obrigatórios – uma hora antes do almoço e uma hora à tarde[7] – que lhes permitem recobrar as forças e reduzem o tempo de exposição às violências dos *Kapo*s. Contudo, invejosos desse tratamento privilegiado, os *Kapo*s multiplicam as zombarias e humilhações, que são acompanhadas de comentários ferinos proferidos por seus companheiros civis de detenção. Para não passar por isso, alguns acabam preferindo juntar-se aos *Kommandos* de trabalho. Em 7 de março de 1941, vários religiosos participam de um *Kommando* na plantação, chamado de *Freiland* – o que os poupa do desprezo dos companheiros e lhes dá uma ração suplementar.[8] O regime "privilegiado" concedido aos religiosos dura pouco. A partir de setembro de 1941, essas medidas são abolidas, e todos devem se submeter ao regime comum, exceto os padres alemães do pavilhão 26, que continuam se beneficiando de dispensas particulares.

RETORNO AO REGIME COMUM

No dia 23 de outubro de 1941, cerca de 100 sacerdotes são reunidos e levados ao escritório administrativo do campo, onde um jovem oficial SS seleciona 36 para constituir dois *Kommandos* – *Aufraümung* I e II – encarregados de esvaziar os vagões. Em sua primeira experiência nesses *Kommandos*, os prisioneiros, acordados às quatro da madrugada, precisam descarregar os vagões de batatas. Depois de encher sacos e cestos de tubérculos, devem levá-los para a despensa das cozinhas do campo ou armazená-los do lado de fora. Novatos na tarefa, os sacerdotes do *"Kommando* das batatas" cometem erros: desde o primeiro dia, apanham no rosto e levam pontapés. Algumas semanas mais tarde, o inverno é tão rigoroso que os membros dos *Kommandos* precisam se vigiar mutuamente e avisar assim que os sintomas do congelamento aparecem no nariz ou nas orelhas.[9]

Um dos *Kommandos* de transporte é denominado *"Kommando Präzifix"*. Além das tarefas rotineiras que ele deve cumprir, esse grupo de trabalho fica à disposição da fábrica de parafusos, que lhe deu o nome. Lá, os prisioneiros juntam as limalhas de ferro e o carvão e encaminham os pacotes. O padre Jean Bernard, que trabalha na fábrica, lembra-se que o pesado carrinho foi um dia utilizado para levar dois pacotinhos de parafusos "do tamanho de duas caixas de charutos",[10] *Aufraümung* I e II são os dois únicos *Kommandos* de Dachau exclusivamente compostos de religiosos. Na prática, à exceção do transporte, do abastecimento e da limpeza da neve, a maioria deles não tem tarefas definidas; assim como na quarentena, ficam horas nos pátios ao redor dos pavilhões, independentemente das condições climáticas, já que o acesso às salas comuns e aos dormitórios era proibido durante o dia. "O mais terrível é que [...] a maioria dos religiosos poloneses, após a retirada dos 'privilégios', ficou 'sem emprego'. [...] Essa categoria de prisioneiro, na hierarquia dos escravos do século XX, era empurrada para o fundo do poço da miséria e do desprezo", testemunha o padre Biskupski.[11]

O outono de 1941 marca o início de um dos períodos mais duros para os religiosos de Dachau, principalmente para os não alemães. Não apenas sua inclusão progressiva nos *Kommandos* os esgota rapidamente, mas também precisam se acostumar a uma insuportável promiscuidade nos pavilhões devido à chegada de novos contingentes de deportados. De fato, chega a Dachau, em 30 de outubro, um comboio de aproximadamente 500 sacerdotes poloneses, quase todos detidos em uma enorme batida no dia 6 de outubro. Os prisioneiros do pavilhão 28 são então forçados a se amontoar no 30 para que os recém-chegados ocupem o seu pavilhão, agora vazio. A partir de então, vários homens dividem o mesmo colchão de palha ou dormem no chão, entre os catres. O sofrimento dos prisioneiros é grande, mas ainda não é nada perto do que passarão em 1944 e 1945.

A PLANTAÇÃO

Em abril de 1942, Himmler – que virá pessoalmente fazer uma inspeção em 1º de maio – ordena que todos os prisioneiros passem a trabalhar para ajudar no esforço de guerra do Reich.

Martin Weiss, que comanda então o campo de Dachau, é o artesão dessa mudança cada vez mais justificada pelas derrotas militares contínuas. O cerco das tropas russas em Stalingrado e o desembarque dos norte-americanos na África do Norte, em novembro de 1942, anunciam uma virada no destino das armas. O comando nazista decide então diminuir a mortalidade nos campos a fim de utilizar essa mão de obra disponível. Essa reviravolta de conjuntura valerá a Martin Weiss uma reputação de moderado. "Ele introduziu no campo muitas reformas benéficas e controlou pessoalmente a execução de suas ordens. Proibiu que os prisioneiros apanhassem arbitrariamente [...]. Examinava os relatórios, ele próprio estabelecia as punições e acompanhava sua execução para evitar abusos", ressalta o prisioneiro Johann Neuhäusler.[12] Mas as opiniões sobre Martin Weiss são divergentes: sem dúvida, não foi sua humanidade que o levou a deixar Dachau em outubro de 1943 para assumir o comando do campo de extermínio nazista de Lublin-Majdanek, um dos mais mortais.[13]

Aplicando as diretrizes de Himmler, a plantação do campo acolhe em massa os sacerdotes com pouca ocupação. O trabalho na *Plantage* não tem nada de bucólico. Os *Kommandos* encarregados de cultivar os legumes, flores ou essências medicinais – o que poderia parecer quase "atraente", longe do universo opressor dos pavilhões – logo passam a ser os mais temidos. No terreno das plantações, preparado antes da guerra ao preço de inúmeras vidas – especialmente judeus –, a atividade diária se revela terrível, pois os prisioneiros apanham e são insultados pelos *Kapos*, como um tal de Rasche, que se destaca. Um dos aspectos mais difíceis do trabalho na plantação é a proibição formal de qualquer pausa durante o trabalho. Os homens que escavam, capinam, plantam, drenam, regam ou colhem precisam estar sempre se mexendo, senão podem apanhar. Com o tempo, as condições de trabalho ficam menos difíceis, mas o padre Jacques Sommet, que chegou em

1944 e foi destinado à plantação, conservou dessa experiência um horror definitivo aos gladíolos. Alguns postos na plantação são mais procurados do que outros, como o silo de secagem ou a administração do guichê, onde os ss e também os civis podem fazer compras.

Algumas cenas são insólitas: em maio de 1944, um jovem e elegante oficial ss vem comprar um buquê de noiva de um padre famélico, encarregado da recepção.[14] Alguns sacerdotes participam até mesmo das pesquisas de agronomia: o padre bávaro Korbinian Aigner, detido em novembro de 1939 por ter pecado contra o mandamento "Não matarás", trabalha em novas espécies de maçãs. Os cruzamentos que ele faz permitem criar quatro novas espécies, batizadas de KZ-1, KZ-2, KZ-3 e KZ-4. A maçã KZ-3 ainda existe e agora se chama Korbinian. Seu criador foi apelidado de "*Apfelpfarrer*"[15], "padre das maçãs".

OS *KOMMANDOS* "ADMINISTRATIVOS"

Ao longo dos meses, enfim, inúmeros sacerdotes passam a atuar nas estruturas administrativas do campo. Esses postos são muito cobiçados devido ao seu relativo "conforto" e às preciosas informações que se pode conseguir, mas eles exigem maior prudência, pois se está em contato permanente com os ss, embora estes tenham fama de serem menos duros do que a média: "A atitude deles contrastava com a incomparável grosseria e crueldade dos ss comuns", observa o padre De Coninck.[16] O *Arbeitseinsatz* (Departamento do Trabalho), que administra os efetivos dos *Kommandos* de trabalho, e a *Politische Sektion* (Seção Política), ligada à Gestapo, onde se processam os arquivos e os processos judiciais dos prisioneiros, são considerados os *Kommandos* "aristocráticos" do campo.[17] O alto nível de instrução dos religiosos explica sua presença em maior número nessas estruturas cobiçadas, onde seu rigor metodológico e competências linguísticas são aproveitados. Assim, são encontrados na recepção aos recém-chegados, no correio, na enfermaria, assim como nos *Kommandos* atípicos, como o da polícia criminal, onde o padre Johann Schmitt, de Sarre – preso desde 1940 em Dachau após ter passado por Sachsenhausen –, é encarregado de fazer estatísticas sobre "a criminalidade hereditária em certas famílias e municipalidades de Württemberg" e sobre "as tendências à ilegalidade em certas profissões". O padre Schmitt e os confrades que ele chama para o *Kommando* se abstêm de transmitir suas conclusões às autoridades para evitar novas campanhas de esterilização na população.[18] "Na velocidade em que avançavam, tinham calculado que concluiriam em quarenta anos",[19] lembra-se com humor o padre Joannatey. Eles perderão esses cargos administrativos ou sanitários em março de 1944, quando o comando do campo começar a desconfiar que os sacerdotes favorecem seus colegas ou coletam informações para fuga.

Embora todos os religiosos trabalhem, só muito raramente algum deles é destinado aos campos satélites de Dachau, como os que foram trabalhar nas fábricas Messerschmitt[20] em 1944. O caso do abade Bernard de La Péraudière é um dos mais singulares: esse jesuíta da cidade de Tours, apelidado de "*Apéro*" ("aperitivo"), dissimula sua identidade sacerdotal para acompanhar seus colegas do "trem da morte" – que chegou a Dachau em 5 de julho de 1944 –, primeiro nos *Kommandos* externos de Neckargerach e depois de Veinhigen, ligados ao campo de Natzweiler-Struthof.[21] Lá, o padre De La Péraudière celebra a missa clandestinamente e contrai tifo.

A DESORGANIZAÇÃO DO TRABALHO

A partir do segundo semestre de 1944, as condições de vida dos religiosos em Dachau se modificam. A participação nos *Kommandos* de trabalho não é mais sistemática, e alguns ficam novamente sem ocupação fixa, em particular no pavilhão 26, que acolhe todos, desde dezembro de 1942, à exceção dos poloneses.

Estes se amontoam no pavilhão 28, pois tiveram de sair do 30. A tenaz aliada que cerca a Alemanha e os bombardeios incessantes explicam a diminuição do rigor na organização do trabalho. Todavia, os religiosos continuam nas tarefas relativas à alimentação, como a retirada dos víveres das despensas do campo. "Nós trabalhamos em condições ridículas, esvaziando silos de repolho roxo ou de beterrabas congeladas", relata o padre Sommet.[22] Mas a diminuição da carga de trabalho não leva a uma melhoria das condições de vida: nunca houve tantas mortes em Dachau quanto nos últimos meses que precedem a libertação do campo, devido às epidemias que atingem os organismos esgotados.

O *KOMMANDO* DOS BOTÕES

Um último *Kommando*, que parece coerente, constitui-se nas últimas semanas de existência do campo. O *Kommando* dos botões tem cerca de 800 religiosos. São encarregados de costurar botões e presilhas em telas de barracas. O primeiro grupo perfura a tela, o segundo coloca a presilha e o terceiro costura o botão. Essa tarefa, aparentemente insignificante, tem consequências, como indicam os polegares ensanguentados dos sacerdotes. No entanto, ao abrigo e longe do olhar dos ss, eles aproveitam esse trabalho para conversar tranquilamente, às vezes brincar ou improvisar palestras.[23] "Raramente ri tanto em minha vida", lembra-se o padre Joannatey, que pertence a esse *Kommando* em companhia do decano do capítulo de Aix-la-Chapelle e do arcipreste da catedral de Mainz.[24] Alguns deles, como o jesuíta Michel Riquet, detido em janeiro de 1944 por suas atividades na Rede Cometa, dão provas de grande destreza com as agulhas, ao passo que outros são menos competentes. O abade Henocque não dá nenhuma atenção aos trabalhos de costura e justifica sua lentidão pela idade avançada. Não sem má-fé, já que se esforça para coser as presilhas no meio para torná-las inutilizáveis, feliz por atrapalhar seus algozes.[25]

OCUPAÇÕES

*Consultávamos juntos suavemente,
e andávamos em companhia
na casa de Deus.*

(Salmos 55,14)

Apesar das jornadas extenuantes e da obsessão pela sobrevivência que monopolizam quase todo o tempo e a atenção dos prisioneiros, nos poucos momentos livres eles tentam se distrair com atividades espontâneas ou organizadas pelas autoridades do campo. Essa possibilidade beneficia mais os religiosos do que os outros prisioneiros, pois eles tiveram oportunidade de viver fases mais claras de inatividade, particularmente na época dos "privilégios", de março a setembro de 1941, e depois em 1944, na libertação do campo, quando as atividades nos *Kommandos* ficam reduzidas. No primeiro período, os sacerdotes são condenados ao "repouso forçado" e quase não podem organizar seu tempo livre. No segundo, em compensação, eles podem aproveitar mais.

O CAMPO DOS BOATOS

A conversa é a primeira das atividades dos prisioneiros quando estão livres das exigências diárias e do rigor da vigilância dos ss e dos *Kapos*. Na sala comum, a *Blockstrasse*, pátio que separa os pavilhões uns dos outros, ou na rua do campo, eles se dedicam às conversas, das mais prosaicas às mais intelectuais. Um dos lugares privilegiados para isso são os banheiros. Lado a lado, sem nenhuma divisória, os prisioneiros podem permanecer muito tempo nas pias discutindo com os companheiros e fumando, quando autorizados e quando se conseguem cigarros no campo. "Não há privacidade, nem nos banheiros, nem em momento algum da vida no campo", enfatiza Kazimierz Majdanski.[1] Nesses locais, as conversas propiciam todo tipo de boatos: esperanças de libertação, ameaça de destruição do campo, chegada de pacotes... O vocabulário dos campos de concentração cria uma palavra específica para designar esses boatos: os *Latrinengerüchte*, ou "boatos de latrinas".[2] Mesmo nas circunstâncias mais penosas, essas conversas continuam. Em pleno alerta de ataque aéreo, sob a ameaça dos bombardeios aliados, Edmond Michelet assiste a uma discussão estoica entre um jesuíta da diocese de Nancy, abade Pierre Hartemann, e o vigário da paróquia Nossa Senhora de Lorette, em Paris, abade Louis de Moing, sobre a obra *Histoire littéraire du sentiment religieux* (*História literária do sentimento religioso*), de Henri Brémond. Surpreendidos pelo alerta, os dois mal estavam vestidos. "Essa discussão desinteressada de dois homens despidos era acalorada", observa Michelet.[3] "Considerávamos [...] nossas discussões não como um meio de fugir da realidade, mas como uma maneira de transcender nossa situação de prisioneiros, de nos mantermos de pé", relembra igualmente o padre Kammerer.[4]

A falta de informações confiáveis do exterior e o clima de medo onipresente explicam a rapidez de propagação desses *Latrinengerüchte*. O único jornal autorizado pelos SS no campo é o *Völkischer Beobachter*, diário oficial do Partido Nazista, cujo redator-chefe, durante a guerra, é Wilhelm Weiss.[5] Os prisioneiros aprendem a ler as entrelinhas e compreender, por trás das formalidades, como evolui o destino das armas nos diferentes campos de batalha do conflito. Os outros vetores importantes da informação no campo são os recém-chegados, que trazem as últimas notícias. Os prisioneiros esperam com impaciência a chegada de companheiros vindos de diferentes países. Os que trabalham em *Kommandos* externos não conseguem coletar informações: qualquer contato com civis alemães é proibido, e as punições previstas – que atingem tanto a população quanto os prisioneiros – são muito severas. Nessas condições, os contatos com o exterior – como na loja da plantação – são excepcionais e clandestinos.[6]

A CORRESPONDÊNCIA

A correspondência – único elo tangível com o mundo exterior – é de tal modo regulamentada que não favorece de modo algum a circulação das informações. Cada prisioneiro é autorizado a enviar duas cartas por mês aos correspondentes de uma lista submetida previamente às autoridades do campo. Nos pavilhões dos sacerdotes, a correspondência deve ser entregue sábado ou domingo. O tamanho das cartas, que devem estar em alemão, é determinado com precisão. Nenhuma informação sobre a vida no campo – e, portanto, a menor crítica – pode figurar no conteúdo, passível de ser controlado a qualquer momento. Considerando que é proibido falar da vida diária do campo, que as confidências íntimas serão lidas pela censura e que o domínio do alemão é frequentemente falho, as cartas dos prisioneiros são de um vazio total. Com frequência, basta uma única fórmula: *"Ich bin gesund und fühle mich wohl"* ("Estou bem de saúde e me sinto bem"). A correspondência que chega também passa por um filtro severo e não é raro que um prisioneiro receba um envelope vazio, por causa da falta, por exemplo, do endereço do remetente, o que provoca um profundo abatimento.[7] Alguns enviam cartas clandestinas, assumindo os riscos e passando pelos raríssimos canais possíveis. O padre Hans Carls, que dirigia a Caritas[8] de Wuppertal na diocese de Colônia, tenta enviar para fora documentos relativos ao campo no outono de 1943, mas seu mensageiro, um "triângulo verde", é interceptado e a correspondência, descoberta pela Gestapo. O padre Carls não foi executado,[9] mas sua secretária, Maria Huseman, a quem se destinava a correspondência, é deportada a Ravensbrück e depois a Graslitz, campo satélite de Flossenbürg. Na mesma época, em setembro de 1943, dois outros padres alemães detidos em Dachau, Johannes Burkhart e Karl Schrammel, da diocese de Augsburgo e de Olomouc respectivamente, são interrogados por terem tentado mandar cartas clandestinas do escritório dos ss onde trabalhavam. Ambos são punidos, mas não executados. O padre Burkhart sobreviverá até a libertação do campo, mas o padre Schrammel, transferido para Buchenwald em dezembro de 1944, será eliminado em circunstâncias obscuras.[10]

Entretanto, algumas informações conseguem entrar no campo sem passar pela via oficial. Por exemplo, o diretor do seminário jesuíta de Vals-près-Le-Puy recebe do reitor da faculdade de Teologia de Sion, na Suíça, uma correspondência de 5 de janeiro de 1945, redigida em um francês imperfeito, dando-lhe notícias de um colega.

> O Sr. Jacques Sommet, nascido em 30 de dezembro de 1912, solicitou-me que o avisasse que ele se encontra, no momento, no campo de concentração na Alemanha. Seu endereço é: Sommet Jacques, Gef. Nrs. 72944, Konzentrationlager Dachau 3k, Block 26/4, Deutschland. Enviei igualmente o endereço para a Cruz Vermelha em Genebra.[11]

O processo que levou à expedição dessa carta é desconhecido – talvez a informação tenha sido veiculada por um religioso libertado –, mas ele indica que os sacerdotes sabiam utilizar canais paralelos para dar notícias, ainda que esses casos sejam excepcionais.

UMA BIBLIOTECA EM DACHAU

A biblioteca desempenha um papel importante na vida do campo. Alimentada inicialmente por obras de propaganda nazista, *Minha luta*, de Hitler, e as teorias de Rosenberg em primeiro lugar, ela vai recebendo ao longo do tempo obras mais variadas, em todas as línguas representadas em Dachau. Os livros provêm dos objetos pessoais entregues pelos recém-chegados ao campo. Assim, os religiosos podem emprestar obras de caráter espiritual, romances ou textos apologéticos do regime nacional-socialista. Além da biblioteca oficial do campo, os ocupantes do pavilhão 26 recorrem a um sistema paralelo de trocas, com cerca de 200 títulos,[12] reservados a eles. Não menosprezam a literatura leiga, mas não deixam de velar para que ela esteja sempre de acordo com seu sacerdócio. Assim, para ler *A cartuxa de Parma*, de Stendhal, o padre Kammerer pede a autorização do cônego Auguste Daguzan, da cidade de Pau, que a concede sem problemas.[13] Esse prelado, uma das figuras mais eminentes e respeitadas do clero francês de Dachau, encarregado de avaliar a conformidade moral das leituras de seus confrades, apresentara-se pela primeira vez a seus camaradas de Dachau em julho de 1944, vindo de Compiègne, vestido com uma combinação feminina "rosa-claro ou azul-pálido". Um bombardeio aliado reduzira a cinzas o prédio onde estavam armazenadas as vestimentas masculinas destinadas aos recém-chegados. O cônego aceitara a situação com muito humor, conta Edmond Michelet.[14]

A MÚSICA E O TEATRO

Se as conversas, a busca de informações, a correspondência e a leitura preenchem o essencial das atividades dos prisioneiros durante o tempo "livre", eles também têm ocupações artísticas e esportivas quando as circunstâncias permitem. Inúmeros religiosos com dotes musicais compartilham seu talento em canto, em interpretação instrumental e até em composição. Formam-se corais nos pavilhões. Um único coral se constitui no período dos "privilégios", mas, quando este termina, ele se fragmenta em dois corais: o do pavilhão 26, dirigido pelo padre Schrammel até sua transferência para Buchenwald,[15] e o do pavilhão 28, dirigido pelo padre Gerhard Mizgaski. Como há muitos sacerdotes poloneses, o regente pode selecionar as mais belas vozes, de modo que é consenso que o coral do 28 é o melhor.[16] Os padres que sabem tocar algum instrumento compartilham seu conhecimento com os companheiros e organizam concertos de música de câmara nos pavilhões. O espetáculo desses homens esquálidos, até esqueléticos, com as cabeças raspadas, entoando, em seus farrapos improváveis ou seus uniformes listrados, as árias mais sublimes do repertório religioso emociona as testemunhas. Nas datas importantes do calendário, eles não hesitam em suavizar o destino dos prisioneiros leigos. Edmond Michelet se lembra de que, em 1943, por ocasião do Natal – enquanto ele ainda é um dos raros franceses deportados a Dachau –, seu pavilhão recebe a visita do abade Robert Müller, da região da Lorena, trazendo um violino que dera um jeito de conseguir. Mais do que cânticos tradicionais, ele interpreta árias populares antigas. Mais tarde, acompanhado por companheiros do pavilhão 26, ele canta o *Stille Nacht* tradicional.[17] A composição de uma *Missa Dachauensis* pelo padre beneditino Gregor Schwack, detido em outubro de 1943, em Linz, é um dos fatos mais marcantes da "história musical de Dachau". Ela é interpretada pela primeira vez em 24 de setembro de 1944, dia de Nossa Senhora das Mercês e da libertação dos escravos,[18] e se destaca, na opinião de todos, por sua qualidade musical surpreendente.[19] Entre as atividades artísticas mais pontuais dos religiosos de Dachau, também se mencionam iniciativas teatrais. Uma peça encenada pelos poloneses faz um grande sucesso.[20]

O DESENHO COMO TESTEMUNHO

Alguns religiosos de Dachau desenham. Por exemplo, Ferdinand Dupuis, seminarista da diocese de Angers, detido quando trabalhava na região de Frankfurt no STO, desenha uma série de cenas do cotidiano no campo em pedacinhos de papel. Seus desenhos, que constituem um dos testemunhos mais eloquentes do pavilhão 26, foram reproduzidos em vários livros de memórias dos sobreviventes após sua libertação, por serem considerados muito representativos.[21] Um dos desenhistas e pintores mais talentosos que passaram por Dachau foi o padre Jean Daligault. Detido em agosto de 1941 devido a sua atuação como resistente do Exército Voluntário, o que lhe vale a denominação *"Nacht und Nebel"* ("noite e nevoeiro", em tradução literal), ele só chega a Dachau em 1945, após ter passado por várias prisões e campos do Reich, principalmente no campo de Hinzert. Durante esse período, apesar de condições extremamente difíceis, ele produz uma obra poderosa da qual se conservaram várias peças. Sua passagem por Dachau é breve: segundo as poucas informações que se conseguiu reunir, ele teria chegado ao campo em 28 de abril e teria sido abatido imediatamente com um tiro na nuca.[22] A duração da estada do padre Daligault em Dachau foi tão curta que seu nome não consta até hoje da lista dos religiosos franceses mortos nesse campo.

AS LÍNGUAS ESTRANGEIRAS

Muitos sacerdotes instalados em Dachau aproveitam os momentos inativos para aprender línguas estrangeiras com seus companheiros vindos de toda a Europa. Trabalham como podem a conversação básica ou textos mais densos, emprestados da biblioteca do campo. Muitos poloneses querem aprender francês. Edmond Michelet, que coordena esses cursos improvisados pagos com pão ou salsicha, conta que "quase todos os franceses tinham um aluno. À noite, via-se caminhando lado a lado, na *Freiheitstrasse* ("Rua da liberdade", nome dado por Michelet), o professor e o aprendiz".[23] Kazimierz Majdanski aprende, então, francês com um leigo chamado Sénès, estudante de Medicina de Toulon, encaminhado por Michelet.[24] Alexandre Dumas é o autor predileto dos professores improvisados para iniciar seus alunos nos rudimentos do francês. Porém, a língua de Molière não é a única estudada. A amizade entre o padre alemão Richard Henkes, da congregação dos palotinos, e seu confrade Josef Beran, futuro arcebispo de Praga, também se apoia em estudos linguísticos, pois Beran ensina as bases da língua tcheca a Henkes, que espera poder utilizá-la em seus ministérios posteriores. Esperança que seu destino trágico no campo não permitirá concretizar.[25]

OS JOGOS

Como todos os prisioneiros, os religiosos apreciam jogar. Mas tais distrações são submetidas a condições rigorosas. Alguns tabuleiros de xadrez circulam entre os prisioneiros; jogos de carta são proibidos. No entanto, os mais aficionados utilizam os poucos jogos que escaparam às inspeções ou criam novos artesanalmente com pedaços de papel ou de cartolina. Esses jogos são dissimulados com o maior cuidado, dentro de baldes de areia ou em outros esconderijos. O prisioneiro pego com cartas sofre castigos severos. O padre Goldschmitt, que gosta de jogar *"skart"*, jogo de cartas muito popular na Lorena, é pego com o objeto do delito dentro de uma meia. Essa violação das regras do campo lhe vale a recriminação dos companheiros do pavilhão 26, pois todos os armários são esvaziados e seu conteúdo, jogado no pátio. Consequência tardia desse ato de indisciplina? Um mês mais tarde, sem razão manifesta, ele é encarcerado na prisão do campo, cujas condições são ainda mais severas.[26] Por fim, os sacerdotes aproveitam os talentos mais inesperados dos companheiros: o jovem Pierre Metzger, seminarista de 18 anos detido em 5 de setembro de 1944, em Charmes, na região dos Vosges, durante a retirada das tropas alemãs, atrai um público numeroso com seus passes de mágica, que ele domina maravilhosamente.[27]

AS INICIATIVAS DO COMANDO SS

A iniciativa de boa parte das atividades é dos prisioneiros, mas as autoridades do campo também procuram organizar o "lazer" dos prisioneiros. Um dos mais simbólicos, a orquestra, é também um dos mais antigos de Dachau. Suspenso por um tempo, quando o chefe de campo Egon Zill leva embora consigo os membros da orquestra ao ir para o campo de Hinzert, perto de Trier, no final de 1941, ela se reconstitui rapidamente e se apresenta quando os *Kommandos* externos voltam para o campo ou na hora da chamada noturna. Às vezes, a orquestra de Dachau dá concertos mais formais nas tardes de domingo, no verão. As atividades se multiplicam e se estruturam quando Martin Weiss assume o comando do campo, em setembro de 1942, e Michel Redwitz ocupa, por sua vez, as funções de chefe de campo. Não por humanismo, mas preocupado em poupar a capacidade de trabalho dos prisioneiros, conforme ordenaram as altas autoridades SS, os dois comandantes trabalham para manter minimamente o moral dos prisioneiros. A partir da primavera de 1943, as atividades esportivas se multiplicam no campo. O futebol é o exercício mais popular, muito apreciado pelos religiosos, mas praticam também handball, luta, pingue-pongue ou competições de atletismo.

Em 1943, o comando aceita uma inovação maior: projeções de filmes. As primeiras acontecem nos banheiros e, depois, no pavilhão 30. Uma cabana especial acaba sendo construída para isso perto dos banheiros. Diferentemente de Buchenwald, em Dachau as projeções são gratuitas e organizadas pavilhão por pavilhão. Como há religiosos demais, eles se dividem em dois grupos para assistir aos filmes.[28]

Outra inovação aparentemente inusitada no universo dos campos de concentração: a abertura, em 1944, de um bordel com 14 prisioneiras. Essa iniciativa suscita a mais viva desaprovação dos sacerdotes. A instalação do bordel de Dachau constitui uma das últimas iniciativas do comando ss. Os crescentes efetivos do campo, a retiradas dos exércitos alemães das diferentes frentes e a epidemia maciça de tifo levam ao fim da estrita organização do campo e das distrações em grande escala.

SEGUNDA PARTE

TERRA DE DESAMPARO

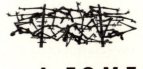

A FOME

Nossa pele está quente como um forno, febril de tanta fome.

(Lamentações 5,10)

Os veteranos dos campos de concentração nazistas sofreram por muito tempo com a incompreensão da experiência que lá viveram. Aos olhos daqueles que não tiveram o mesmo destino, as tarefas que eles eram obrigados fazer por trás dos arames farpados nem sempre pareciam insuportáveis. Descarregar batatas, capinar canteiros ou recolher raízes são atividades realizadas todo dia por trabalhadores do mundo inteiro. Mas o que tornava esse cotidiano insuportável e frequentemente mortal, além das violências esporádicas cometidas pelos ss e *Kapos*, era a fome extrema e o esgotamento absoluto que ela provocava. Os religiosos conheceram bem esses tormentos, que podem ser comprovados especialmente pela alta mortalidade dos poloneses.

RAÇÕES ALEATÓRIAS

Assim como outros aspectos da organização dos campos, a administração da alimentação, à primeira vista, parece racionalizada, mas obedece, na prática, a fatores aleatórios, que oscilam entre a arbitrariedade e a corrupção. Teoricamente, é o SS-WVHA[1] que determina a natureza e o volume das rações. No papel, mesmo sendo frugais, as rações parecem suportáveis até os severos racionamentos de maio de 1942. Carne ou fiambres, gordura vegetal e animal, queijo branco, pão, açúcar, geleia, massas, farinha, leite desnatado, substituto de café, batatas e legumes verdes garantem supostamente uma alimentação suficiente para os prisioneiros. Rações suplementares substanciais de pão, gordura e carne são previstas para os trabalhadores braçais.

Porém, a realidade é o oposto das diretrizes do comando SS. Não somente porque as rações sofrem perdas em todos os escalões, seja pelos guardas SS, pelos *Kapos* ou nas cozinhas, mas também porque os produtos finais servidos nas vasilhas dos prisioneiros não têm os valores nutritivos prometidos. A carne, principalmente de baleia ou cavalo, é cozida demais e não tem nenhuma gordura. A sacarina substitui o açúcar. Os legumes verdes inexistem, substituídos por miolo de repolho, nabos insípidos – batizados de "abacaxis alemães" – ou folhas de beterraba.[2] De fato, os prisioneiros dos campos sofrem todos – salvo os *Prominent* ("privilegiados") – enormes perdas de peso nas semanas seguintes à sua chegada.

"PRIVILÉGIOS" ENVENENADOS

O grande contingente de sacerdotes que chega em dezembro de 1940 – alguns já tinham sofrido as terríveis condições de Sachsenhausen – fica positivamente surpreso com as condições que parecem reinar em Dachau. O Natal acontece de modo quase festivo graças aos extras que todos os prisioneiros conseguiram comprar na cantina, como pão de mel. A dieta alimentar específica dos religiosos, de fevereiro a setembro de 1941, é mais favorável do que a de seus companheiros de detenção. Alimentos e bebidas variadas vêm melhorar o dia a dia no campo. Chocolate é servido no café da manhã, a carne é mais copiosa na sopa, o espinafre substitui a vagem. Os prisioneiros esqueléticos, que vieram de Gusen, Sachsenhausen ou Mauthausen, logo recuperam peso e forças.[3]

Esse regime privilegiado tem suas consequências. Por brincadeira, os religiosos lamentam não receber bebidas alcoólicas. Ora, pouco tempo após sua chegada, no início de abril de 1941, eles recebem, contra toda expectativa, vinho e cerveja. Essa fartura irrita os prisioneiros leigos e não demora a desencadear as violências dos *Kapos*, que zombam da pretensa gulodice dos padres, de sua inclinação ao álcool e de sua preguiça.[4] Os guardas decidem, então, organizar uma paródia de cerimonial para acompanhar o consumo de vinho. Este *Weinkommando* (*Kommando* do Vinho) se torna o pesadelo dos prisioneiros.[5] São forçados a beber de um gole sua dose de vinho e pôr o copo ao mesmo tempo sobre a mesa. Infeliz daquele que não consegue fazer isso. "Na correria, alguém se engasga e se atrasa", lembra-se o padre Bernard. "Imediatamente, o ss bate no copo com tal brutalidade que corta lábios e bochechas até os dentes e ossos".[6] Quando se atrasam, eles têm que beber uma dose dupla ou tripla de vinho, equivalente a 750 ml num único gole. Apesar da alimentação melhor, os organismos continuam fracos e essa absorção súbita de álcool provoca violentos mal-estares. Os insultos dos prisioneiros e as perseguições dos *Kapos* explicam por que uma parte dos religiosos prefere entrar nos *Kommando*s de trabalho, apesar de seu *status* particular.[7]

A FOME EXTREMA

A partir de setembro de 1941, quando termina esse regime, começa para os religiosos de Dachau uma das fases mais temíveis de sua experiência. Não somente não recebem mais extras, mas também são impedidos de conseguir rações suplementares, pois, salvo raras exceções, ainda não atuam nos *Kommandos* de trabalho nos quais se ganha um precioso *Brotzeit* ("lanche"). A qualidade dos raros produtos disponíveis na cantina do campo é medíocre e seus preços são proibitivos. Essa diminuição repentina da ração calórica diária se conjuga a um inverno glacial – a temperatura alcança 36° graus negativos em janeiro de 1942 – que esgota os organismos, intensificando as necessidades nutritivas. Quando os religiosos precisam participar dos *Kommandos* de trabalho, em abril de 1942, sua situação não melhora muito, pois as tarefas extenuantes exigem ainda mais calorias, que a ração extra, quando fornecida, mal compensa. Em maio de 1942, as doses alimentares determinadas pelo SS-WVHA diminuem em todos os campos nazistas[8] devido às restrições provocadas pelo endurecimento da guerra. A fome extrema culmina no verão de 1942. O peso dos prisioneiros fica abaixo de 50 quilos; alguns chegam a 38 quilos,[9] peso abaixo do qual a morte é inevitável.

Nos trajetos do campo, no caminho dos *Kommandos* ou nos pavilhões, assiste-se então a cenas trágicas. O padre alemão Joseph Bechtel, 63 anos, pároco de Niedermendig, chegara ao campo em fevereiro de 1941 por ter apoiado seu vigário, o padre Peter Schlicker, que se recusara a aprovar uma relação de concubinato entre um inválido da Primeira Guerra Mundial e uma mulher divorciada, próxima ao Partido Nazista. O padre Münch conta o sofrimento do padre Bechtel:

> Durante a grande fome de 1942, [ele] sofreu terrivelmente: por meses, só conseguia se alimentar mais ou menos ao meio-dia. Privado de pão pela manhã, ele tinha que se contentar à noite com um caldo. Muitas vezes, eu o vi

remexendo as cascas de batata na esperança de encontrar restos comestíveis. Mastigava bagas de zimbro, a única coisa comestível vendida na cantina. [...] Suas forças diminuíam de semana a semana. No fim, ficou tão magro que mal podia caminhar: era um verdadeiro martírio se arrastar três vezes por dia até a chamada.[10]

O DESAMPARO

Esfomeados, os sacerdotes engolem qualquer pedacinho de comida encontrado no campo ou nos *Kommandos*: uma folha podre de salada ou um miolo de repolho encontrados na compostagem – na qual os *Kapos* urinam de propósito[11] –, pedaços de beterraba no adubo, cascas de laranja ou torradas mofadas, encontrados às vezes nas latas de lixo dos ss. Os que trabalham nos campos comem escondido dentes-de-leão, mas correm o risco de severas punições se forem descobertos pelos guardas. Um dos *Kommandos* em que trabalham os padres vai, às vezes, para as gaiolas dos coelhos, onde os ossos secam ao ar livre para serem moídos e misturados à alimentação dos animais. Ignorando as fezes de ratos sobre os ossos, os prisioneiros pegam alguns para consumir e aproveitar a gordura e o cálcio que eles contêm. Um padre polonês do pavilhão 30, Leonard Tatara, é pego com os bolsos cheios de ossos pelo *Kapo* Zier, que bate violentamente em seu rosto diante dos prisioneiros reunidos.[12] Depois dos aguaceiros, procuram-se as minhocas e lesmas na terra. São imaginadas as soluções mais inesperadas para atenuar a sensação de fome. A cantina vende um unguento, o creme "Couteline", para atenuar dores e coceiras provocadas por eczema, sarna e pelas inúmeras doenças de pele que se espalham pelo campo: aqueles que têm algumas economias o compram para comer.[13] Alguns religiosos seguram as fezes por mais de uma semana para ter a impressão de saciedade.[14] Às vezes, o espetáculo dos padres esfomeados mexe com os guardas. Com pena de um deles, um jovem ss lhe dá, um dia, o conteúdo da gamela do seu cão.[15]

O sofrimento provocado pela fome – mistura de câimbras, dores de cabeça e extrema fraqueza – provoca em muitos prisioneiros um abalo psicológico temporário ou definitivo. De madrugada, não é raro ouvir prisioneiros chorando de fome nos dormitórios, com a cabeça enfiada na roupa para abafar o barulho. A comida passa a ser uma obsessão e invade o essencial das conversas dos prisioneiros, o que desencadeia novamente os comentários mordazes dos guardas e de uma parte dos deportados leigos, que se divertem em constatar a persistência das necessidades terrenas em homens com veleidades espirituais. Quando vierem tempos menos duros do ponto de vista alimentar, os próprios sacerdotes se espantarão com a hegemonia absoluta da preocupação com a alimentação na época de penúria.[16] Comer é uma obsessão que aniquila todas as outras pulsões. O padre Sommet, que revela em suas memórias a "realidade obsedante da fome", registra as constatações inesperadas que os camaradas leigos compartilham com ele: "O campo da afetividade sexual fica liquidado; alguns demonstram espanto por não ter o menor sonho erótico; transferem isso para o desejo de comer. Eles compreendem então como os párocos podem se tornar gulosos", ele observa bem-humorado.[17] "Nos dias de esgotamento físico extremo, a memória desaparecia, toda vida intelectual morria, a cultura era desprezada, assim como as relações sociais. Os homens se tornavam violentos, grosseiros. Ao menor pretexto, eles brigavam, ou davam apelidos, amaldiçoavam", conta o padre Biskupski.[18]

MELHORIAS

A partir de setembro de 1942, o destino dos padres melhora um pouco. A guerra extrema leva as autoridades do Reich a preconizar uma redução da mortalidade nos campos para preservar a capacidade de trabalho dos prisioneiros.[19] Martin Weiss aplica essas novas diretrizes, o que também contribuirá para sua reputação de relativa benevolência,[20] mesmo que ele continue a recusar a porção extra de pão aos poloneses, considerados "preguiçosos".[21] Em outubro de 1942, os sacerdotes conseguem autorização para receber novamente pacotes de comida enviados pelas famílias e párocos, contendo produtos variados: sardinhas, patê, geleia, açúcar, leite condensado, pão de mel, biscoitos, conservas... Nem todos recebem pacotes, mas essa medida salva a vida de inúmeros prisioneiros que haviam sobrevivido à penúria que atingira seu ápice em agosto e setembro. Além disso, os religiosos aprenderam a arte do "arranjo", conceito próprio ao mundo dos campos de concentração e sinônimo de "se virar", "desviar" ou "afanar". Os que conseguem "se virar" mais, assim como seus companheiros dos outros pavilhões, tornam-se artistas do comércio subterrâneo no campo. O trabalho na plantação é propício ao "arranjo". Com cordões atados nos joelhos e nos cotovelos, os prisioneiros improvisam bolsos sob a roupa, onde conseguem esconder víveres pegos durante o trabalho, mas correm o risco de receber severas punições e de ouvir os impropérios dos guardas. O cozimento discreto desses legumes, quando necessário, constitui uma segunda prova e exige grande engenhosidade. O "arranjo" também passa por trocas com outros pavilhões, utilizando uma moeda universal: o cigarro. Além daqueles que vêm nos pacotes ou dos comprados a preço de ouro na cantina, os religiosos utilizam cigarros reconstituídos a partir de baganas encontradas pelos *Kommandos* no campo ss.[22] Esse bem precioso possibilita, particularmente, a compra de pão, alimento essencial entre todos.

Ao articular o regime alimentar de base, o conteúdo dos pacotes e os frutos do "arranjo", os religiosos conseguem limitar a mortalidade provocada pela fome até a libertação do campo. Embora não tenham passado pela fome extrema dos veteranos, os contingentes de deportados dos anos 1943-1945 também sofrem os tormentos da penúria, como revelam as lembranças dos padres franceses. Tendo chegado no fim do mês de outubro de 1944, o padre Kammerer destaca a inconsistência das refeições, o chá insípido da manhã, os magros pedaços de pão preto, os fragmentos de salsicha e de margarina, a sopa de cascas de legumes.[23] Muitos de seus confrades, aprisionados em Dachau nos últimos meses da guerra, têm lembranças idênticas.

ALGUMAS EXCEÇÕES

Algumas experiências no mesmo período são mais contrastantes. "Sofremos apenas relativamente o drama da fome, exceto por algumas fases muito duras", observa o padre Pierré.[24] A nacionalidade, o *Kommando* e a rede de contatos pessoais do prisioneiro determinam situações particulares que permitem a certos prisioneiros atravessar a provação sem passar fome demais. Certos comportamentos são escandalosos. O padre Kammerer se lembra de sua indignação quando fica sabendo que um sacerdote alemão joga no lixo pedaços de um bolo enviado pela família. Mas tais episódios são raros. Na maioria dos casos, os sacerdotes que recebem pacotes compartilham seus recursos com seus companheiros e com os deportados dos outros pavilhões. Marcel Dejean, um deportado francês leigo, conta:

> Outro consolo que tínhamos era o Gérard.[25] Que tipo simples, íntegro, que se virava no pavilhão 26 enquanto estávamos trabalhando para conseguir para nós algumas sobras e notícias seguras. [...] Esse Gérard, sempre silencioso, que voltava pela janela com dois litros de sopa ou sanduíches de toucinho, presente dos padres tchecos.[26]

As memórias do padre Joannatey também testemunham: "No final, havia abundância e foi fácil e tão bom para nós poder ajudar os outros, sobretudo os padres italianos, que não recebiam nada."[27]

A MORTE EM DACHAU

Liberte os que estão sendo levados para a morte; socorra os que caminham trêmulos para a matança!

(Provérbios 24,11)

Dos 2.720 religiosos que foram aprisionados em Dachau, 1.034 morreram durante a detenção – ou seja, 38% – em circunstâncias "naturais" ou provocadas. Embora os arquivos da administração dos campos indiquem causas de óbito precisas, frequentemente inventadas, em uma estrita lógica burocrática, a mortalidade é, na maioria dos casos, consequência de uma conjunção de fatores: em primeiro lugar, a fome, mas também o frio, o esgotamento, as punições, as surras dos *Kapos* e dos ss ou o esgotamento psicológico.

Os sacerdotes que morrem sem patologias definidas são majoritários.

Tomando como exemplo a diocese de Trier, a mais antiga da Alemanha, à qual o padre Münch dedicou uma monografia, obtém-se um quadro instrutivo.[1] De fato, dos dez religiosos da diocese falecidos em Dachau durante a guerra, oito foram vítimas da combinação de fome, esgotamento e doença. Além disso, constata-se que sete das dez vítimas morrem entre junho e outubro de 1942, quando a penúria atinge o ápice. As situações variam em função da nacionalidade e da cronologia: os padres poloneses, cuja mortalidade atinge 48% em Dachau, ou seja, 10 pontos acima da média, são quase sempre vítimas de assassinatos intencionais diretos. Outras nacionalidades que chegaram mais tarde, como os franceses, são atingidas em cheio pelas epidemias, tifo em particular.

DEFINHAMENTO

Inúmeros relatos descrevem o definhamento progressivo dos prisioneiros seguido de sua morte repentina. O falecimento do padre Joseph Bechtel, cujo estado de esgotamento devido à fome atingira proporções extremas,[2] resulta do surgimento de patologias diversas, como conta o padre Münch:

> Rapidamente, ele sofreu uma insuficiência cardíaca e, como consequência, retenção de líquido nas pernas, depois, fleimão aberto que secretava pus e sangue. Era inútil pensar em auxílio médico; para nós, os "párocos", a enfermaria era quase inacessível: os religiosos só eram admitidos ali no momento da agonia. Se alguém, naquelas semanas, fosse à enfermaria, podia ter certeza de ser uma vítima de eutanásia nas horas seguintes.[3]

De fato, foi o que aconteceu com o padre Bechtel em 12 de agosto de 1942, visto que seu estado se tornara desesperador. O padre Biskupski descreve uma sequência comparável em inúmeros confrades:

> Manchas e bolhas apareciam... A água invadia o corpo: primeiro, inchavam as pernas, depois, o rosto... Os traços do rosto mudavam tanto que mal se reconhecia um companheiro... Por falta de albumina na alimentação, as células do corpo começavam a se decompor... Era uma lenta, dolorosa agonia.

A morte do jesuíta francês Victor Dillard, em 13 de janeiro de 1945, assemelha-se a essas outras provocadas pelo esgotamento total. Capelão clandestino dos trabalhadores do STO em Wuppertall, perto da cidade de Colônia, ele chega a Dachau no dia 29 de novembro de 1944, após ter sido denunciado e detido. Seu definhamento é muito rápido. Edmond Michelet testemunha:

> Ele parecia extenuado. Queixava de uma dor na perna que só lhe permitia caminhar apoiado no ombro de um companheiro. Alguns dias mais tarde, no chuveiro da enfermaria, onde eu estava trabalhando com Ryckère, este apontou com o dedo um companheiro nu, desmaiado, estirado no chão. Era o padre Dillard.[4]

O fim do jesuíta parece iminente. "Ryckère [...] soluçava como uma criança ao me mostrar a nudez do padre, estendido com os braços em cruz na valeta das imundícies, onde boiavam curativos sujos",[5] esclarece Michelet.

Maltratado, amputado, o padre Dillard morre em 13 de janeiro de 1945, depois de contar com o acompanhamento espiritual clandestino do padre Riquet, seu confrade da Companhia de Jesus.

A OBSTINAÇÃO DOS *KAPOS*

Apanhar ou levar choques pode ter consequências fatais para os prisioneiros. Monsenhor Michal Kozal, bispo auxiliar de Wloklawek, leva um golpe violento na cabeça, de um guarda, como castigo por ter caído no chão quando carregava os panelões de comida no campo.⁶ O golpe provoca uma infecção do ouvido interno,⁷ que causa um enfraquecimento rápido do prisioneiro e a morte, talvez acelerada por uma injeção fatal, em 26 de janeiro de 1943. A fraqueza dos religiosos que chegam aos limites de suas forças parece, às vezes, excitar ainda mais a agressividade dos *Kapos* nos pavilhões e *Kommandos*. Triângulos verdes ou triângulos vermelhos, prisioneiros comuns ou comunistas, estes "pobres brutos degenerados, piores que os SS",⁸ raramente demonstram boa vontade com os religiosos e parecem gostar de massacrá-los. No verão de 1942, o padre Maciej Poprawa, prior do monastério camáldulo de Bieniszew, na Polônia,⁹ esgotou suas capacidades de resistência na plantação, onde empurra pesados latões de vegetais. Constatando que ele é incapaz de realizar sua tarefa, Rogler, um *Kapo* conhecido por sua brutalidade, bate no seu rosto e peito. "O padre cai no chão. Louco de raiva, o guarda se põe então a pisar nele e a lhe dar pontapés".¹⁰ Moribundo, o padre Poprawa é levado pelos companheiros para seu pavilhão, já que a enfermaria recusa qualquer admissão naquele dia. Zier, o *Kapo* do pavilhão, permite que ele fique na cama. Internado à noite na enfermaria, morre no dia 13 de agosto de 1942.

MORTES SÚBITAS

A fadiga física e a tensão nervosa provocam mortes súbitas. O padre Boleslaw Cyriak Truss, 52 anos, capelão militar do Exército polonês, é transferido de Buchenwald para Dachau, aonde chega em 7 de julho de 1942. Ele desperta a atenção de um certo Walenta, *Kapo* do dormitório 4 do pavilhão 30. Como a maioria dos recém-chegados, ele ainda não foi destinado a um *Kommando* de trabalho, de modo que Walenta lhe confia missões dentro do pavilhão. Como não conseguiu tirar todas as manchas de um prato, o *Kapo* lhe dá um golpe violento, que o derruba no chão, e continua batendo nele. Após uma noite sem dormir, o padre Boleslaw sente um mal-estar cardíaco na manhã seguinte. Morre em 12 de julho, cinco dias depois de chegar ao campo.[11] O padre Johannes Ries tem 55 anos quando chega a Dachau, em novembro de 1942. Pároco de Arzfeld, distrito da diocese de Trier, ele é detido por ter autorizado um colega francês, prisioneiro de guerra, a celebrar uma missa em sua igreja. Ainda que tenha sobrevivido a inúmeras provações no campo, morre subitamente de parada cardíaca, na madrugada de 4 de janeiro, depois de fazer umas brincadeiras com um amigo antes de dormir. É seu vizinho de beliche que descobre seu corpo inanimado pela manhã.[12]

Os registros de Dachau estão repletos dessas mortes rápidas e surpreendentes, que ocorrem em plena atividade. Vários prisioneiros caem mortos enquanto estão trabalhando nos *Kommando*s ou durante as intermináveis sessões de chamada.[13]

A MORTE BANALIZADA

A partir de maio de 1941 e da criação de um serviço de registro civil no campo – que até então era responsabilidade do município de Dachau –, a morte acontece em ambiente fechado. Equipado com quatro fornos potentes, o crematório de pedra – chamado de "pavilhão X" –, posto em funcionamento na primavera europeia de 1943, reforça mais esse fenômeno, desaparecendo com os cadáveres rapidamente. Vários religiosos poloneses, empregados como marceneiros, são enviados para trabalhar em sua construção.[14] O prédio, cuja chaminé que fumega sem parar é vista em quase todo o campo, faz a tal ponto parte do universo dos prisioneiros que, nas conversas entre deportados, ou nas ameaças dos SS, não é raro ouvir a brincadeira de que o único meio de fugir do campo consiste em "passar pela chaminé".[15]

A onipresença da morte acaba por banalizá-la aos olhos dos prisioneiros. "É possível se habituar ao fenômeno da morte? É possível ficar indiferente?", questiona-se Kazimierz Majdanski.

> A resposta não admite dúvidas: De outro modo, não se poderia viver. O coração do homem deve permanecer o mesmo, enquanto olha os montes de cadáveres, percebe-os por toda parte e, sem esperar, descobre sua presença, por exemplo, em um canto do *Waschraum* ("lavatório"). Entretanto, o coração do homem precisa se fortalecer, não ficar insensível.[16]

O padre Stefan Biskupski faz a mesma constatação:

> Em Dachau, a morte só despertava os pensamentos e os sentimentos certos em um grupo muito pequeno. A maioria tratava a morte de um indivíduo isolado como algo muito corriqueiro, que não demandava mais preocupação, por exemplo, do que a hora da chamada.[17]

Edmond Michelet descreve uma cena que mostra essa "anestesia mental". Uma tarde, na época do Natal de 1944, ele consegue voltar para o superlotado pavilhão 26, onde está reunida a maioria dos religiosos franceses, para cantarem juntos canções de Natal. "Em um canto, entre duas fileiras de beliches, para que ocupasse menos espaço, puseram de pé o cadáver do abade Simon,[18] pároco de Hendaye, que acabara de morrer".[19]

Quando a morte acontecia durante a madrugada, ou em períodos de quarentena, era comum deixar ou empilhar os corpos nos sanitários, enquanto se esperava que fossem recolhidos. Não era raro, portanto, que os prisioneiros fizessem suas rápidas abluções matinais diante dos corpos inertes dos companheiros. Às vezes, eram obrigados a levar para a chamada os camaradas mortos. À chamada de cada inscrição, somente três respostas podiam ser dadas aos guardas: "*Hier*", "*Krank*" ou "*Tot*" – "presente", "doente" ou "morto"[20] –, conta Bernard Py, jovem leigo detido em setembro de 1944, em Moussey, na região dos Vosges, por pertencer à Resistência, e deportado a Dachau.

O TRATAMENTO DOS CADÁVERES

Depois de serem levados ao necrotério, os corpos passam por uma autópsia e são identificados com uma etiqueta, o *Fusszettel*, ou pela inscrição feita à tinta na pele. "No campo, a falta de respeito com os mortos é total. Aqui o morto não passa de um lixo repulsivo. Logo após o último suspiro, o corpo é despido, recebe uma etiqueta no dedo do pé para identificá-lo e é jogado na lama ou na neve", registra o padre Morelli.[21] As certidões de óbito são assinadas, e os cadáveres levados ao crematório. Transportados em uma caixa que faz as vezes de caixão, quando sobram, os mortos são em seguida arrastados para os fornos, alimentados a coque, com ganchos especiais segurando o crânio. Quando são muitos, sobretudo na fase final da guerra, são carregados em pesadas carroças empurradas pelos prisioneiros – chamadas de *"Moor Express"* –, que servem para muitas coisas, inclusive para trazer para Dachau os mortos do campo satélite de Allach. "No ritmo cansado dos homens de carga listrados de azul, a carroça-fantasma percorria, à vista de todos os moradores da região, os cerca de 15 quilômetros que separavam Allach de Dachau. Lá, ao pé do crematório, ele entregava à 'matriz' seu pagamento em cadáveres", relembra um deportado leigo.[22] Mesmo acostumados à morte e à visão dos cadáveres, os religiosos continuam a descobrir a cabeça, à passagem da carroça, e a dar uma bênção distante e furtiva ao companheiro morto, sacerdote ou leigo.

Na primeira fase da guerra, as cinzas são colocadas em urnas e entregues às famílias que fizerem a solicitação. Ainda que a Igreja seja, na época, muito reticente em relação à prática da cremação, considerada um questionamento da crença na ressurreição dos corpos, a entrega das urnas, permitida apenas para certos sacerdotes alemães, atenua a tristeza das famílias e torna mais tangíveis as homenagens feitas nas paróquias. Na imprensa local, são publicados os anúncios fúnebres dos religiosos mortos em Dachau. Os termos empregados são escolhidos a dedo para não atrair a atenção da Gestapo, mesmo que os textos selecionados frequentemente possibilitem uma dupla interpretação. No anúncio fúnebre do padre Joseph Zilliken – pároco de Wassenach, perto de Koblenz –, falecido no campo em 3 de outubro, em um estado de "serenidade soberana",[23] figurava o trecho de uma epístola de São Paulo aos filipenses: "apegando-vos firmemente à Palavra da vida. Deste modo, no Dia de Cristo, orgulhar-me-ei de não ter corrido nem trabalhado em vão". Uma sentença que os paroquianos podiam interpretar como um apelo a seguir apenas Cristo e como uma justificativa da resistência passiva manifestada pelo padre Zilliken, detido em maio de 1940 por não ter se levantado à passagem de Hermann Goering, em um restaurante em que ele estava.[24]

Esses diferentes procedimentos – certidão de óbito,[25] autópsia, caixão, informação às famílias, cinzas em urnas – são suprimidos pouco a pouco. Para a maioria dos religiosos que não pertencem à categoria *Volksdeutsche*, essa mudança não faz muita diferença. Na maior parte dos casos, as cinzas são espalhadas sem cuidado nos terrenos dos arredores.

Nos últimos meses da guerra, os cadáveres se acumulam por causa das epidemias; além disso, os crematórios estão sem combustível e não dão conta de absorvê-los. As cenas que se oferecem então ao olhar parecem um pesadelo. Diante do crematório, amontoam-se mortos esqueléticos e nus, "pavoroso espetáculo do desrespeito aos corpos",[26] mostrado ao mundo todo pelas fotos feitas pelos soldados americanos, quando libertaram o campo. Aqueles que não são cremados são enterrados em fossas comuns, cavadas às pressas nas redondezas do campo.

O TIFO

*Ninguém tem maior amor
do que aquele que dá
a sua vida pelos seus amigos.*

(João 15,13)

As mortes "naturais" – causadas por esgotamento, fome extrema ou pelo clima de violência física e psicológica permanente – são as mais frequentes no campo de concentração de Dachau. No entanto, uma série de patologias identificadas também provoca inúmeros óbitos. Elas resultam da falta de higiene, ainda que a administração do campo e os *Kapos* tenham feito da *Sauberkeit* ("limpeza") um objetivo obsessivo que justifica todas as punições e humilhações aos prisioneiros que não respeitam as instruções mais meticulosas. Porém, o chão esfregado, os sanitários desinfetados, as vasilhas lavadas, os lençóis bem esticados, os pelos raspados, nada disso consegue compensar as graves lacunas de que sofrem os prisioneiros: os banhos de chuveiro – com água fervente ou glacial – são raros; as roupas, raramente trocadas, e a promiscuidade dos pavilhões favorece a transmissão dos germes. Entre as doenças que contaminam o campo estão a tuberculose, a disenteria e o tifo, que matam em circunstâncias de desamparo completo. "No cadafalso, pelo menos as pessoas podem morrer com dignidade. Mas, no campo de concentração, muitos morrem ignominiosamente após meses de sofrimento, seja nas latrinas após uma diarreia aguda, no chuveiro após ter sido arrastado para lá para não sujar o colchão...", insurge-se o padre Hoffmann.[1]

O TIFO ABDOMINAL

Mais do que qualquer outra doença, foi o tifo que causou, em duas grandes epidemias, o maior número de vítimas em Dachau. A primeira delas ocorre em dezembro de 1942, algumas semanas após a grande penúria daquele ano, que já havia levado muitas vidas. O tifo abdominal, também chamado de febre tifoide, é transmitido por uma salmonela. A contaminação pode resultar de ingestão de carne mal cozida ou do contato do alimento com as fezes de um indivíduo infectado. Essa forma de tifo, mortal, havia quase desaparecido da Europa desde a cloração da água, mas o ambiente insalubre de Dachau favorece seu retorno. Violentas enxaquecas, febre alta, diarreias e constipação e hemorragias do sistema digestivo são os principais sintomas.

A irrupção da epidemia causa grande inquietação entre os religiosos na medida em que o acesso à enfermaria é muito difícil para eles, devido à hostilidade dos *Kapos* que lá atuam. Por exemplo, o padre Adauctus Krebs, superior geral dos irmãos do Santo Sacramento de Ceske-Budejovice, na Tchecoslováquia, morre em 7 de maio de 1942, por causa de uma diarreia aguda não tratada: o responsável da enfermaria recusara interná-lo quando ainda havia tempo.[2] O mesmo destino atinge o padre Miloslav Filip, padre beneditino de Praga, morto sem ter recebido atendimento, em 13 de setembro de 1942, mesmo apresentando um impressionante inchaço do rosto e das pernas e dores abdominais insuportáveis.[3]

Medidas de quarentena são acionadas. Para os religiosos, o impacto da epidemia de tifo de 1943 é limitado. Dos três pavilhões dos sacerdotes, somente o 30, onde dois dormitórios são reservados para eles, é isolado devido ao aparecimento da doença. Os prisioneiros encarregados de levar comida e que circulam no campo passam por uma desinfecção drástica quando voltam para os pavilhões. A mando do comandante Martin Weiss, alguns religiosos são selecionados para ajudar na enfermaria.[4] Essa decisão é vista como uma sanção, pois o risco de contaminação na enfermaria é enorme. Entretanto, a maioria deles considera essa epidemia um ganho relativo, já que os trabalhos nos *Kommandos* externos e a extenuante chamada matinal ficam suspensos. Quando a quarentena é interrompida, os prisioneiros observam menos rigidez nos regulamentos: "O tifo que atingiu o campo em 1943 deu um golpe de misericórdia na disciplina draconiana", relembra o padre De Conink.[5] A epidemia, cujo término é declarado em 14 de março de 1943, teria feito entre 100 e 250 vítimas no campo.[6] O balanço entre os religiosos é desconhecido.

O TIFO EXANTEMÁTICO

A segunda epidemia de tifo que atinge o campo a partir de dezembro de 1944, de natureza exantemática – ou seja, acompanhada de lesões cutâneas –, é muito mais ampla. Apesar dos *slogans* preventivos afixados pelo campo – dentre os quais, o célebre *"Ein Laus, dein Tod"* ("Um piolho, tua morte") – e das medidas profiláticas, como tosar os pelos e desinfetar o corpo, o parasita chega a Dachau nos comboios de judeus húngaros, repatriados dos campos da morte libertados ao leste pelos exércitos soviéticos. Infestados de piolhos, eles logo contaminam os prisioneiros. São os excrementos dos piolhos que contêm os bacilos, contraídos por simples inalação ou ingestão. Consequentemente, a sujeira da roupa de cama – trocada somente a cada cinco meses –, a falta de higiene corporal e a promiscuidade oferecem um terreno favorável para a propagação rápida desses parasitas. O contato direto dos excrementos com o sangue é outra via de contaminação, e os prisioneiros precisam lutar contra a vontade irresistível de se coçar para evitar a contaminação. Por vezes, criam estratagemas extremos para combater essa tentação: o padre Robert Beauvais conta que rolava nu na neve para atenuar as coceiras.[7] Após a incubação, os doentes sofrem dores de cabeça violentas, tremores, febre alta, e manchas características aparecem no corpo. A irrupção do tifo exantemático mexe com a organização do campo. Os ss, mais raros à medida que aumentam as derrotas militares e que os elementos mais vigorosos são enviados ao *front*, não entram mais no campo, salvo os médicos em raras ocasiões. Somente as sentinelas permanecem nos postos de vigia, prontas a abrir fogo.

Os prisioneiros entregues à autogestão aplicam, a distância, as instruções da administração do campo. Vários pavilhões contaminados são isolados a partir de dezembro com arames farpados. Ao final do inverno, toda a parte oriental do campo – quinze pavilhões, dentre os quais cinco da enfermaria original – fica isolada do restante do campo.[8] O pavilhão 30, do outro lado da rua do campo, também fica infestado de tifo. Nos acessos que levam a esses pavilhões, placas assustadoras com uma caveira visam a desestimular os visitantes intempestivos. Algumas medidas imediatas são aplicadas, tais como um pequeno aumento da ração de gordura nas refeições diárias ou campanhas de pulverização, cujos efeitos desaparecem assim que os piolhos reaparecem.[9]

A CAÇA AOS PIOLHOS

A erradicação dos parasitas se torna uma atividade usual nos pavilhões ou nos pátios. O seminarista Pierre Metzger é encarregado de barbear seus companheiros com uma impressionante "navalha".[10] Catam-se os piolhos na pele, nas roupas e nos colchões, mas as vitórias não duram e os insetos reaparecem sem cessar. No entanto, os prisioneiros continuam sua luta obstinada na esperança de passar na temida prova dos *Laüsekontrolle* ("controle de piolhos"), chamado por alguns de "tribunal dos piolhos".[11] Toda pessoa que ainda estiver infestada durante essa inspeção deve ir para os chuveiros coletivos para passar por uma lavagem completa, do corpo e das roupas. Essa medida, ainda que necessária, transforma-se em suplício. No auge do inverno, os homens podem ter de esperar uma noite inteira, nus, enquanto seus trapos são lavados a vapor rapidamente. A intensidade do frio os leva a formar carreiras para se aquecerem mutuamente. "Cerca de 600 homens nus, colados uns aos outros, em dois amontoados separados, se curvam de um lado e depois do outro: batimento regular, ritmo fundamental, arcaico, fusão das respirações e dos suspiros de nossa massa humana".[12] Às vezes, desses aglomerados de carne, afasta-se um indivíduo que chegou ao fim de suas forças – um "muçulmano", no vocabulário dos campos – e desaba no chão gelado de ladrilhos, morrendo diante dos olhos amortecidos de seus companheiros.

CENAS DE TERROR

Na enfermaria e nos pavilhões em quarentena, a situação assume proporções assustadoras. Os doentes, amontoados em leitos ou no chão, só recebem os cuidados mínimos, por falta de remédios e de atendentes competentes. Nessa época, registra-se a cada manhã, nos diferentes pavilhões do campo, uma centena de cadáveres, sem contar as dezenas de mortes diárias nos campos satélites, principalmente em Allach. Também os religiosos pagam seu tributo ao tifo. Kazimierz Majdanski, jovem seminarista polonês do superlotado pavilhão 28, contrai a doença como muitos outros e consegue ser atendido na enfermaria, onde seu estado de saúde piora. É levado para a sala reservada aos pacientes mais graves.

> A penúltima estação do tifo é novamente uma grande sala com camas. Há apenas leitos individuais, e os pacientes são deitados nus sob os lençóis para facilitar seu transporte ao forno crematório. É uma espécie de sala de espera onde deve se resolver a questão: a vida ou a morte. A segunda alternativa prevalece na maioria das vezes.[13]

Edmond Michelet, que também contrai o tifo, descreve as cenas de pesadelo que se desenrolam na enfermaria em plena epidemia, em especial "as dejeções que escorriam do vizinho do lado, que pingavam das camas superiores e que o atendente se esforçava para limpar, sem água e, naturalmente, sem sabão."[14] No dormitório 3 de um pavilhão da enfermaria, Michelet reencontra três padres franceses típicos: Pierre Cariou, de Douarnenez, Maurice Barré, de Dinan, e Paul Millot, da diocese de Soisson, que sobreviverá à epidemia apesar de seu estado crítico.[15] O próprio Michelet recebe duas transfusões de sangue graças a um "pároco católico de Bois-le-Duc [e] a um pastor luterano de Alkmaar".[16] Alguns estão dispostos a tudo, exceto ir para esse universo de pesadelo, frequentemente comparado aos porões dos navios negreiros. O jovem Pierre Metzger, igualmente contaminado, consegue se tratar consumindo carvão e mofos de pão, mas se recusa com todas as forças a ir para a enfermaria.[17]

VOLUNTÁRIOS PARA TRATAR OS DOENTES

Diante do tifo exantemático, os religiosos decidem intervir e iniciam "uma nova epopeia da solidariedade cristã".[18] Nos pavilhões mais atingidos, de fato, os prisioneiros encarregados do acompanhamento, da logística ou do atendimento morreram, estão moribundos ou – no caso dos não contaminados que fizeram valer seu *status* de *Prominent* – realocados em pavilhões menos expostos. Diante do desamparo que aflige os doentes nesses pavilhões desertos, os sacerdotes entram em acordo, voluntariamente, para substituir os *Kapos* e os enfermeiros que faltam. Após vários dias de oração, o cônego Auguste Daguzan escolhe vários confrades entre os voluntários não alemães para levar assistência aos doentes e agonizantes dos pavilhões em quarentena. Entrar nesses pavilhões supõe uma coragem e uma devoção fora do comum, já que, uma vez transposta a porta, não se pode mais sair até o fim do isolamento. "A ação consiste simplesmente em se fechar nos pavilhões dos doentes de tifo. Viver como seres vivos para auxiliar os moribundos a morrer como seres vivos", resume o padre Sommet, voluntário da lista, mas não selecionado pelo cônego Daguzan.[19]

No total, 18 sacerdotes vão para os pavilhões abandonados: 12 poloneses do pavilhão 28, 2 franceses, 2 tchecos, 1 austríaco e 1 belga. Um voluntário de Luxemburgo é recusado.[20] A esses religiosos se somam vários confrades alemães. Na enfermaria e nos pavilhões dos inválidos, eles assumem as funções dos *Kapos* ou dos *Pfleger* ("enfermeiros") desaparecidos e tentam aliviar o sofrimento dos doentes com os recursos que têm à mão. Sua primeira tarefa consiste em retirar dos leitos os cadáveres que ainda não foram levados e tentar limpar a roupa de cama dos pacientes que, com fortes diarreias, evacuam no próprio colchão, por falta de forças ou de ajuda para ir até as latrinas ou para usar os urinóis. Os sacerdotes voluntários se esforçam também para dar assistência moral aos moribundos, e espiritual àqueles que a desejam. Dos pavilhões leigos, médicos prisioneiros se juntam a eles para aliviar o sofrimento dos doentes.

Todos os voluntários são contaminados pelo tifo e vários deles morrem em decorrência da doença. No dia 19 de fevereiro de 1945, morre o padre Joseph Zaplata, da congregação dos irmãos do Sagrado Coração de Jesus, de Poznan. Com dois confrades também contaminados, padre Sroka e padre Jezierski, ele pediu para ser designado como assistente no refeitório do pavilhão 25, onde o tifo grassava. Detido em agosto de 1939 e deportado para Mauthausen, estava em Dachau desde dezembro de 1940. O padre Hilaire Januszewski, da ordem dos Carmelitas Descalços, de Cracóvia, falece em 26 de março de 1945. Ele também havia sido destinado ao pavilhão 25 depois de se voluntariar. Transferido de Sachsenhausen, estava em Dachau desde 19 de setembro de 1941. O padre Joseph Kos, da diocese de Praga, sucumbe ao tifo no dia 28 de março, dois dias depois do padre Januszweski, aos 29 anos. Fora encarcerado em Dachau em 27 de novembro de 1943, após uma passagem pelo campo de Theresienstadt.[21]

Dentre os voluntários alemães, duas figuras se destacam. O padre Richard Henkes, da congregação dos palotinos, fecha-se no pavilhão 17, devastado pela epidemia. Trabalha ali durante oito semanas até ser ele próprio levado pela doença em 22 de fevereiro de 1945, quase dois anos após sua prisão. O padre Engelmar Unzeitig, que morre de tifo no dia 2 de março de 1945, depois de ter passado quatro anos no campo, deixou uma lembrança profunda nos doentes, que passaram a chamá-lo de "anjo de Deus" após seu falecimento.

O ÓDIO ANTICRISTÃO

Bem-aventurados sois vós, quando vos injuriarem e perseguirem e, mentindo, disserem todo o mal contra vós por minha causa.

(Mateus 5,11)

Em Dachau, para além dos sofrimentos comuns a todos os prisioneiros, os sacerdotes são vítimas de perseguições morais e físicas específicas, nutridas pelas bases anticristãs da ideologia nazista. Eles estão sujeitos também à virulenta hostilidade demonstrada por uma parte dos "triângulos verdes" e dos comunistas, salvo notáveis exceções.

UM "CRISTIANISMO POSITIVO"

A questão do cristianismo já surge em 1920 no programa do Deutscher

Arbeiter Partei (DAP) proclamado por Hitler em 24 de fevereiro, em Munique.

> Em sua essência, o Partido defende o ponto de vista de um cristianismo positivo, sem, no entanto, associar-se a uma doutrina específica. Ele combate o espírito judaico-materialista dentro e fora do país e está convicto de que um restabelecimento duradouro de nosso povo só pode vir de dentro, tendo como base o seguinte princípio: o interesse coletivo prevalece sobre o interesse individual.

Por trás desse conceito vago de "cristianismo positivo", esboça-se uma visão radical. Trata-se de retirar as raízes judaicas da religião cristã e promover uma Igreja germânica para ocupar o lugar da "Igreja judaica" desvirtuada.

Percebe-se uma forte aproximação entre as últimas palavras do ponto 24 do programa e alguns escritos de Nietzsche. "O cristianismo valoriza de tal maneira o indivíduo, o toma de tal modo como absoluto, que não se pode mais sacrificá-lo: no entanto, a espécie só sobrevive graças aos sacrifícios humanos", observa.[1] A queixa de Nietzsche corresponde a uma das principais acusações do nazismo contra o cristianismo: a primazia concedida ao indivíduo se opõe diretamente a uma visão que tem a raça como valor supremo. Para René Girard, a herança nietzschiana na dimensão anticristã do nazismo é incontestável.

> A verdadeira "magnitude do nacional-socialismo" – expressão efetivamente empregada por Martin Heidegger em sua *Introdução à metafísica* – consistiu [...] em combater abertamente o projeto de uma sociedade sem bodes expiatórios e sem vítimas sacrificiais, isto é, o projeto cristão e moderno que Nietzsche paradoxalmente foi o primeiro a vislumbrar.[2]

Entende-se por que o cristianismo, ao expor a natureza perversa dos fenômenos de bode expiatório, podia constituir um obstáculo para um regime que faria disso uma de suas bases. O judeu, considerado vetor do capitalismo financeiro apátrida, agente do marxismo internacionalista ou profanador da raça germânica, é o bode expiatório absoluto para os nazistas.

CRISTO, HERÓI ARIANO SEGUNDO ROSENBERG

O anticristianismo nazista tem origem em fontes mais próximas. A influência de Alfred Rosenberg é elementar. Nascido em 1893, em Reval – atual Tallinn, capital da Estônia –, ele chega a Munique em 1918, fugindo da Revolução Bolchevique. Conhece Hitler por intermédio de Dietrich Eckart,[3] peça-chave da Sociedade Thule* que exerce uma forte influência ideológica no DAP, futuro Partido Nazista. Rosenberg torna-se um devoto do líder e molda uma ideologia combinando teorias sobre arianismo com antissemitismo obsessivo, ódio ao marxismo e forte aversão às instituições eclesiásticas e ao ocultismo. Suas teses são destiladas no *Völkischer Beobachter* – jornal oficial do partido, cuja redação ele dirige por muito tempo –, e, posteriormente, formalizadas em *O mito do século XX*, que conclui em meados de 1925, mas só publica em 1930.

De acordo com o autor, os amoritas, povo do norte, teriam fundado Jerusalém e "composto a camada nórdica da futura Galileia, isto é, o 'círculo pagão' de onde surgiria Jesus".[4] A mensagem entregue por esse herói hiperbóreo teria sido corrompida pelo estabelecimento de uma ligação artificial com o Antigo Testamento e pelas interpretações de Paulo de Tarso. "A grande personalidade de Jesus Cristo foi, imediatamente após sua passagem pela Terra, carregada de toda a miscelânea da

---

* N.T.: Sociedade secreta fundada na Alemanha, em 1918, baseada no ocultismo e ligada ao movimento Völkisch e ao pangermanismo. Seu nome evoca um antigo mito greco-romano de uma civilização nórdica de seres superiores, que os membros da sociedade acreditavam ser o berço da colonização ariana.

vida judaica, africana e do Oriente Médio", lamenta o teórico.[5] Rosenberg critica o conceito de pecado original que aparece nas cartas de São Paulo e é formalizado por Santo Agostinho[6] três séculos mais tarde. "A noção de pecado original teria parecido incompreensível para um povo de caráter racial intacto [...]. A certeza de ser um pecador é um comportamento de bastardo", conjectura ele.[7] Cristo, segundo Rosenberg, é uma figura de destaque, mas não uma figura central da história da civilização. Em contrapartida, a Igreja é responsável, devido à sua expansão, pela internacionalização do "levante nacional judeu".[8] Se o judaísmo é, para retomar as metáforas nazistas, um "bacilo patogênico" que ameaça a civilização, não só a Igreja Católica, mas também as protestantes são seus vetores. Desse ponto de vista, a instauração de um "cristianismo positivo" resulta necessariamente na erradicação das instituições eclesiásticas. Desse modo, mesmo em sua versão "positiva", é difícil imaginar o que poderia substituir o cristianismo na *Weltanschauung* ("concepção de mundo") nazista.

HITLER:
ENTRE A INDIFERENÇA E A PRUDÊNCIA

Durante sua ascensão ao poder, o NSDAP se mostra prudente em relação às Igrejas. A sociedade alemã, protestante e católica, ainda não está preparada para ouvir um discurso anticristão. Hitler, a quem a dimensão religiosa do cristianismo parece interessar pouco,[9] adota um meio-termo. Pessoalmente, ele parece insensível à questão cristã do ponto de vista espiritual e antropológico. Contudo, no outono de 1922, quando busca explicar o perigo mortal que o marxismo representa para o Ocidente, ele não hesita em invocar a herança cristã: "Uma vitória das ideias marxistas significará a extinção completa de seus adversários... a bolchevização da Alemanha... significará a destruição de toda a cultura ocidental cristã".[10]

Hitler admite em *Minha luta* ter grande admiração pela capacidade da Igreja Católica de subsistir através dos séculos.

> Sua força de resistência não reside em uma adequação mais ou menos perfeita aos dados científicos do período, dados, aliás, nunca definitivos, mas em seu apego inabalável a dogmas estabelecidos permanentemente e que por si sós conferem ao conjunto um caráter de fé.

Em seu discurso no Reichstag, em 23 de março de 1933, ele continua usando fórmulas conciliatórias. "O governo nacional considera que as duas confissões cristãs são fatores muito importantes para o restabelecimento de nossa sociedade", diz ele. Mais político do que místico, Hitler almeja neutralizar os obstáculos que as Igrejas poderiam apresentar.

HIMMLER: PAGANISMO E OCULTISMO

Enquanto Hitler se empenha em sua missão política, postergando a eventual regulamentação da questão cristã,[11] a hostilidade contra a Igreja aumenta de proporção. Himmler é seu fomentador. "Depois da *Machtergreifung* ("tomada de poder"), paralelamente à Rosenberg, ele surge como uma das figuras de destaque do neopaganismo. Mas, enquanto chefe da SS e da polícia alemã, é infinitamente mais poderoso que seu rival".[12]

Himmler tem fascínio pelos antigos mitos germânicos, que deseja ressuscitar, quebrando o invólucro no qual a tradição judaico-cristã os teria confinado. De família católica, ele já não defende mais a instauração do cristianismo positivo teorizado por Rosenberg: seu desejo é erradicar a influência das Igrejas cristãs. Ele preconiza, dessa forma, incutir no povo um "evangelho alemão" e substituir o Antigo e o Novo Testamento pelo "testamento político de Hitler",[13] projeto que Hitler teria qualificado como "ilusão".[14] A exemplo de Rosenberg, ele se recusa a considerar Cristo como uma figura odiosa, valendo-se sem reservas de argumentos falaciosos.

> No âmbito da formação ideológica, proíbo todo e qualquer ataque contra Cristo enquanto indivíduo, uma vez que esses ataques ou insultos – segundo os quais Cristo seria judeu – são indignos de nós e sem dúvida historicamente incorretos.[15]

Himmler mobiliza a ss para atingir seus objetivos. "A missão da ss consistirá, nos próximos 50 anos, em dar ao povo alemão sua própria concepção anticristã de mundo, que lhe permitirá conduzir sua vida e impor-lhe um significado", escreve ele em 1937.[16] Graças ao trabalho da Ahnenerbe Forschungs und Lehrgemeinschaft (Comunidade para a Investigação e Ensino sobre a Herança Ancestral), criada no dia 1º de julho de 1935 em Berlim – rival da Reichsbund für Deutsche Vorgeschichte (Federação do Reich pela Pré-História Alemã), ligada a Rosenberg[17] –, ele busca contemplar essa concepção com um repertório ideológico coerente. Himmler reforma o Castelo de Wewelsburg para transformá-lo em uma cidadela da "Ordem Negra" e no quartel general da ss. Lá são organizadas cerimônias marcadas por rituais neopagãos. É certo que o repúdio ao cristianismo não é um pré-requisito para entrar na ss, vetada aos ex-comunistas e socialistas, ex-membros de lojas maçônicas e ex-soldados da Legião Estrangeira. Instaura-se, contudo, um estado de espírito anticristão bastante perceptível, tanto na *Allgemeine*-ss (ss Geral) como entre os *Totenkopfverbände* (Unidades da Caveira da ss), encarregados precisamente da guarda nos campos de concentração.

"PADRECO"

As autoridades do campo asseguram a instauração de uma atmosfera anticristã no campo de concentração antes mesmo da chegada dos primeiros religiosos em 1938. O pároco de Dachau, autorizado a celebrar a missa de domingo durante os primeiros anos de funcionamento, é o primeiro alvo. Assim que ele adentra o campo, no alto-falante que serve para transmitir os discursos de Hitler ou do comando, começa a tocar a canção "Ó, cigano negro". Além disso, os SS frequentemente flagelam os recém-chegados durante a missa. "Transmitidos pelos alto-falantes, os gritos dos torturados se misturam aos cantos dos ofícios divinos".[18] O anticristianismo adquire uma nova dimensão com a chegada efetiva dos sacerdotes no campo. Se, por um lado, no item "profissão" de sua ficha administrativa, devidamente preenchida no momento de ingresso no campo, consta o registro *"Geistliche"*, "eclesiástico", é apenas pela apelação *"Pfaffe"* – algo como "padreco" – que eles são chamados na vida cotidiana pelos SS e *Kapos*, bem como por uma parcela dos companheiros de prisão. Outras expressões mais imagéticas, oriundas da doutrinação de Rosenberg, somam-se a essa denominação depreciativa: "feiticeiro celeste" ou "palhaço celeste" são muito recorrentes dentre os SS. Essas designações, humilhantes por si só, tornam-se ainda mais dolorosas quando pronunciadas pelos que compartilham da mesma sorte que eles. O padre Leo de Coninck, quando incumbido do transporte dos panelões, lembra-se com amargura das "vaias hostis dos espectadores, todos tomados por uma espécie de fúria animal contra os *'Pfaffen'*".[19]

ULTRAJAR

Além dos insultos diretos, os guardas – SS e *Kapos* – têm um prazer particular em atacar o pudor desses prisioneiros com palavras e atitudes grosseiras, como a utilização sistemática de vocabulário obsceno, concursos de gases entre os SS ou evocações complacentes de proezas sexuais reais ou fantasiadas. Embora os sacerdotes estejam habituados a todas essas torpezas pela prática confessional, a atmosfera de permanente vulgaridade continua sendo penosa para eles. Um dos piores constrangimentos é a obrigação de conviver com os *Blockälteste* (Veteranos do Pavilhão) ou *Stubenälteste* (Veteranos do Dormitório),[20] que se vangloriam despudoradamente das relações íntimas que eles mantêm com adolescentes russos que se prostituem por alguns cigarros ou um quarto de pão.[21] Esses palavrões e indecências, que não infligem nenhum mal físico, fazem parte, no entanto, da atmosfera de perseguição, tanto é que essa violência simbólica será levada em conta no primeiro julgamento de Dachau, ocorrido entre novembro e dezembro de 1945. Dentre as acusações feitas contra Fritz Becher, "político" que atuou como *Blockälteste* de um dos pavilhões dos sacerdotes – considerado como um dos *Kapos* mais violentos –, consta o emprego de "linguagem chula".[22] Tudo era permitido para humilhar os religiosos. Zier, *Kapo* do pavilhão 30, é conhecido por realizar inspeções minuciosas dos órgãos genitais dos sacerdotes após as sessões de raspagem dos pelos.[23] As vexações escatológicas também fazem parte do arsenal utilizado: os guardas têm o prazer sádico de forçá-los a esvaziar as privadas com baldes sem alça. Designam essa operação pela expressão "ir à mina de ouro".[24] São inúmeras as humilhações desse tipo. "Um dia, o chefe de instrução Bach ordenou que eu procurasse dentro do ânus de um companheiro de prisão a aliança de ouro que ele tinha escondido ali. Como lhe respondi energicamente que eu me recusava a executar suas ordens, mesmo que isso significasse que eu perderia minha cabeça, ele me deixou em paz", conta o padre Goldschmitt, que, por um milagre, escapa da punição.[25]

Até 1942, os *Kapos*, os prisioneiros comuns e os comunistas exercem seu poder sobre os pavilhões dos religiosos, onde são ainda mais temidos que os SS, salvo raras exceções. É o caso do veterano de pavilhão *Block* Karl Frey, um comunista, que, ao mesmo tempo em que impõe uma disciplina rígida, trata os religiosos com humanidade. Isso é tão significativo que estes dão uma "festa" no pavilhão em seu aniversário. "Nosso comunista austríaco nunca na vida teria imaginado que um dia 300 religiosos organizariam sua festa de aniversário e que um comissário episcopal francês faria o sermão para a ocasião", observa o padre Goldschmitt, autor da fala referida.[26] Mas esses casos são excepcionais, e o *Kapo* continua sendo uma figura execrada.

A partir de 1942, os religiosos substituem pouco a pouco os *Kapos* em suas funções de controle dos pavilhões e dormitórios, bem como em determinadas funções administrativas ou logísticas. Exatamente como os leigos, exceto pela crueldade, eles são responsáveis por manter os pavilhões dos sacerdotes em ordem e por respeitar as regras impostas pela SS. Ao levar os prisioneiros do pavilhão 26 para a praça de chamada, o *Kapo*-sacerdote precisa de muito esforço para impor disciplina e deve esgoelar-se em latim – "*Linea recta! Linea recta!*" – para que seus companheiros respeitem a formação determinada na praça.[27]

BLASFEMAR

Além das alcunhas depreciativas, da violação do pudor e da dignidade e do isolamento aos quais são sujeitados, as profanações do que os sacerdotes têm de mais precioso se multiplicam. As blasfêmias contra as bases da fé católica em geral e contra a virgindade de Maria, em particular, são as mais usuais. Tudo é um pretexto para colocá-los em situação de vulnerabilidade em relação à sua fé e a seu sacerdócio. Logo em sua chegada ao campo, no momento do registro, muitos são sujeitados a perguntas humilhantes dos SS: "Quantas menininhas você já violentou? [...] Você ri quando escuta as confissões?"[28] Um eclesiástico que foi pego por ter furtado um pedaço de repolho ou "arranjado" algumas batatas se vê censurado pelo mandamento "não roubarás", do Decálogo. Em 1941, após constatar roubo de pão no pavilhão 28 – delito muito grave no universo do campo –, o veterano Karl Kapp condena todos os sacerdotes do pavilhão a repetirem o mandamento após a chamada da manhã durante meia hora, antes de serem punidos com exercícios físicos.[29] Os religiosos são por vezes incitados a abandonar o sacerdócio em troca de uma libertação hipotética ou de um tratamento menos severo. Esse acordo é oferecido ao padre Dominik Jedrzejewski, pároco de Golsawice, próximo a Konin, na Polônia, que o recusa.[30] Não se sabe ao certo o número de sacerdotes que foram abordados pelos ss com essa proposta. Apenas um dentre eles teria aceitado e deixado o campo em 1941 ou 1942, casando-se posteriormente.[31]

Os perseguidores gostam também de encenar dramatizações grotescas para ridicularizar a condição sacerdotal de seus prisioneiros. A recepção dada ao padre Fritz Seitz, o primeiro sacerdote alemão preso em Dachau, são exemplo disso. Vindo do campo de Gusen, ele chega ao campo de concentração no dia 8 de dezembro de 1940. Tinha acabado de entrar no local quando um ss toma seu rosário e, de maneira bruta, coloca-o ao redor de sua cabeça, com a cruz pendurada na sua testa. Em seguida, o guarda passeia com o sacerdote pelo campo anunciando: "Acaba de chegar o primeiro padreco porco do Reich!". O ss apanha uma imagem de Pio XII que cai do breviário do padre Seitz e desfila com ela diante dos prisioneiros enquanto exclama: "O líder romano dos padrecos virá juntar-se a eles em Dachau depois da guerra e será o fim da fraude católica!", conta o padre François Goldschmitt.[32] A experiência dos religiosos no campo de concentração também é marcada por uma sessão de humilhação coletiva na Sexta-Feira Santa, dia em que os católicos celebram a crucifixão e a morte de Cristo. Nesse dia, um ss nota um grupo de religiosos enfermos que permanecem no campo enquanto seus companheiros trabalham nos *Kommandos* e ordena que eles subam em seus armários individuais: os *Spinde*. Nessa posição tão desconfortável quanto ridícula, eles são forçados a entoar um conhecido hino específico para esse dia: "O Haupt voll Blut und Wunden"[33] ("Ó cabeça coberta de sangue e feridas").

A "SEMANA SANTA"

Se as perseguições antirreligiosas se limitassem a violências verbais e simbólicas, a situação dos sacerdotes seria suportável, mas por vezes elas vinham acompanhadas também de violências físicas, às vezes extremas, que muitos deles interpretavam como possessão demoníaca. "Antes de Dachau, eu jamais tinha vivenciado o ódio: olhos fervendo de maldade, bocas contraídas de raiva ao avistar um 'padreco'. Bater, ferir, matar um 'pároco' parecia uma necessidade instintiva de alguns", relata o padre De Coninck.[34] O jesuíta tcheco Aloïs Kolacek, que chega ao campo em 1940, adquire o hábito de recitar mentalmente as orações de exorcismo quando um guarda da ss entra nos pavilhões, o rosto crispado de más intenções.[35] As bofetadas, chutes e socos são desferidos pelos ss e sobretudo pelos *Kapos*, sob qualquer pretexto ou sem qualquer motivo.

A violência física culmina na Semana Santa, em 1942, quando o comando do campo decide infligir uma punição coletiva aos religiosos, com exceção dos *Reichsdeutsche*, após ter encontrado a soma de 720 dólares nos objetos pessoais do padre Stanislaw Wierzbowski em 28 de março de 1942. Os religiosos dos pavilhões 28 e 30 são então reunidos no lado de fora. Todos os seus pertences são revirados nos pavilhões enquanto eles sofrem uma humilhante inspeção anal. Apenas algumas batatas e beterrabas são encontradas. A repressão é severa: camas e armários são desarrumados duas vezes por dia e devem ser arrumados a cada vez, a cantina e os cigarros são proibidos por uma semana. Além de tudo, os sacerdotes devem caminhar e fazer exercícios sem interrupção da chamada da manhã até o retorno dos *Kommandos* ao entardecer, cerca de dez horas no total, sob a supervisão do *Kapo* Fritz Becher. Quando eles passam, alguns prisioneiros de outros pavilhões por vezes zombam deles: "Eles não vão morrer por causa disso!". Os inválidos, dispensados da caminhada, em contrapartida não podem sentar e têm de mover os pés alternadamente o dia inteiro. Oito religiosos exaustos sucumbem durante essa Semana Santa, que se prolonga até a segunda-feira de Páscoa, dia 6 de abril.[36] Alguns ss demonstram uma espécie de compaixão ao desaprovar os *Kapos* "triângulos verdes" que se aproveitam dos exercícios impostos aos sacerdotes para cometer furtos de seus pertences. O padre Wierzbowski é chamado pouco tempo depois do final da punição. Ninguém ouvirá mais falar dele.[37] Dizem que teria sido condenado a 25 chicotadas no cavalete do campo e a quarenta dias de confinamento.[38] Seu falecimento teria ocorrido no dia 17 de abril.

ATROCIDADES INDIVIDUAIS

Embora a "Semana Santa" de 1942 cause impacto em razão de seu caráter massivo, violento e por ocorrer no período litúrgico mais importante do calendário católico, inúmeras violências mais pontuais são cometidas contra indivíduos ou grupos de indivíduos dentro dessa visão antirreligiosa. No dia 23 de novembro de 1940, o padre Robert Pruszkowski, um alemão da Prússia Oriental preso por ter ouvido a confissão de civis poloneses, é um dos primeiros a sofrer as consequências disso. Alguns dias depois de sua chegada a Dachau, quando ainda não existe um pavilhão específico para os religiosos, ele reconhece ser um sacerdote a um ss que o questiona. Sem demora, este convoca então um prisioneiro leigo e obriga os dois a se esbofetearem mutuamente com todas as forças. Como resultado desse encontro, o padre Pruszkowski e seu companheiro de infortúnio permanecem com o rosto inchado e inflamado por vários dias.[39] Kazimierz Majdanski recorda de um capuchinho que sofreu uma das torturas mais cruéis infligidas aos prisioneiros como punição pelo descumprimento do regulamento do campo: a estaca de tortura. Enquanto é pendurado pelos pulsos presos às costas, ele é forçado a recitar respostas litúrgicas a seu torturador.[40] O destino reservado ao padre Siegfried Würl, sacerdote austríaco conhecido por sua capacidade de contar diversas anedotas, por muito tempo deixa marcas em seus companheiros. Durante a chamada, quando o frio no campo era glacial, ele recebe a ordem de se atirar no chão e mergulhar seu rosto em uma poça de água gelada. Permanece com o rosto no chão durante cerca de vinte minutos, mantido nessa posição pelo pé de um dos guardas. Após alguns dias, seu nariz começa a necrosar e ambas as narinas entram em estado de putrefação. Por causa desse episódio, o padre Würl é apelidado de "padre feliz sem nariz", mas também perde parte do juízo.[41] Um dos casos mais dramáticos de violência diz respeito ao padre Andreas Rieser, sacerdote tirolês forçado por um SS a fabricar uma coroa de arame farpado e a usá-la. Prisioneiros judeus intimados pelo guarda devem dançar ao redor dele, golpeá-lo e cuspir nele, em uma paródia terrível da narrativa da Paixão. Ainda coroado pelo diadema sangrento, o padre Rieser recebe em seguida a ordem de empurrar um pesado carrinho de mão pelo campo durante o dia inteiro.[42] Esse evento será evocado no dia 2 de junho de 1945 em um discurso do papa Pio XII aos cardeais, ocasião em que homenageia os religiosos de Dachau. O testemunho de fé pode conduzir alguns ao sacrifício final. Os sacerdotes poloneses Kazimierz Grelewski e Josef Pawlowski são enforcados em 9 de janeiro de 1942. O primeiro – cujo irmão, Stefan, também religioso, tinha sido morto no campo de concentração no dia 9 de maio de 1941 –, por ter feito o sinal da cruz e dito "Que Deus lhe perdoe", após ter sido agredido por um *Kapo*. O segundo teria recusado pisotear um crucifixo. O padre Grelewski grita a seus carrascos no cadafalso "Amem ao Senhor!" momentos antes de ser executado.[43]

Alguns pensadores cristãos acreditam que o ódio contra o cristianismo e seus representantes manifestado pelos SS se alimenta das mesmas fontes do antissemitismo nazista. "Que fique claro: o antissemitismo atual não é mais aquele que a geração anterior conheceu", observa o padre Henri de Lubac, conhecido jesuíta francês, posteriormente colunista dos *Cahiers du Témoignage Chrétien* (*Cadernos do Testemunho Cristão*), em uma carta a seus superiores em 25 de abril de 1941.

> Além do aspecto degradante para os que se entregam a isso, já é uma forma de anticristianismo. O alvo é a Bíblia, o Evangelho, bem como o Antigo Testamento, o universalismo da Igreja, que eles chamam de "Internacional Romana", tudo aquilo que Pio XI reivindicava como nosso a exemplo de São Paulo, no dia em que exclamou: "espiritualmente, somos todos semitas!"[44].

AS EXPERIÊNCIAS MÉDICAS

E foi-lhes permitido, não que os matassem, mas que por cinco meses os atormentassem; e o seu tormento era semelhante ao tormento do escorpião, quando fere o homem.

(Apocalipse 9,5)

Auschwitz, Ravensbrück, Natzweiler e Dachau são os quatro principais campos de concentração em que são feitas experiências médicas *in vivo* nos prisioneiros. No campo de concentração bávaro, os trabalhos dos médicos da ss dizem respeito essencialmente a malária, fleimões, experiências em grande altitude ou ainda hipotermia. Heinrich Himmler acompanha de perto essas pesquisas e participa pessoalmente de algumas sessões.[1] Os sacerdotes de Dachau são usados como cobaias especialmente nas duas primeiras áreas de experiência.

O DOUTOR SCHILLING

As experiências envolvendo a malária são coordenadas por um personagem atípico, Dr. Claus Schilling. Nascido em 1871, ele consagra grande parte de sua carreira ao departamento de medicina tropical do Instituto Robert Koch de Berlim. Em dezembro de 1941, por intermédio do *Reichsgesundheitsführer* (Chefe da Saúde do Reich), o médico da ss Leonardo Conti, ele conhece Heinrich Himmler, que demonstra interesse por suas competências. "Himmler ordenou pessoalmente que eu procedesse às minhas pesquisas em Dachau. O único objetivo era encontrar uma vacina contra a malária",[2] declarará futuramente em seu julgamento. O Estado nazista planeja, na realidade, instalar populações germânicas na região do Mar Negro, assolada pela malária virulenta.[3] Na sequência desse encontro, o Dr. Schilling – na época com 71 anos – chega a Dachau em fevereiro de 1942, quando lhe é concedida toda a liberdade para fazer experimentos com os prisioneiros na *Versuchstation Malaria* (Estação Experimental de Malária), localizada próxima à enfermaria, nos primeiros pavilhões vizinhos da praça de chamada. O "homem velho e rabugento, usando calças de golfe e viseira, com uma expressão obstinada no rosto avermelhado",[4] desprovido de qualquer sentimento de empatia, inicia sem demora suas pesquisas sobre novos tratamentos contra a malária.

As primeiras cobaias selecionadas para os testes são os "triângulos verdes" e os "triângulos pretos", criminosos e "antissociais", respectivamente. Os indivíduos devem ser saudáveis e não apresentar um histórico de infecções graves. Em julho de 1942, novos indivíduos são procurados dentre os prisioneiros ociosos com menos de 45 anos. Finalmente, no outono de 1942, as equipes da Estação Experimental se voltam para os sacerdotes poloneses. Ainda que o retorno dos pacotes ao final do período de penúria em 1942 lhes desse esperança de um destino melhor, essa nova ameaça os deprime. Os *Kapos* se encarregam da seleção, poupando os religiosos que recebem os pacotes mais opulentos e dos quais eles esperam poder tirar proveito. Por outro lado, eles entregam ao Dr. Schilling aqueles a quem têm violenta aversão ou que não lhes têm serventia. Como resultado dessa primeira seleção, 18 religiosos somam-se ao pavilhão destinado às experiências médicas. No total, até a interrupção dos protocolos experimentais, 176 sacerdotes poloneses, 4 tchecos e 5 alemães teriam sido vítimas de experiências médicas no contexto da pesquisa sobre a malária.[5] Se um indivíduo expressa relutância em ser submetido aos testes, o Dr. Schilling demonstra um espanto desaprovador, surpreso de ver um homem de Deus se recusar a contribuir para a melhoria do bem-estar da humanidade.[6] O horror segue competindo com o absurdo.

OS MÉTODOS DE CONTAMINAÇÃO

Os indivíduos são infectados tanto pela injeção direta de sangue contaminado ou de uma solução rica em parasitas quanto pela picada direta de mosquitos pessoalmente criados pelo Dr. Schilling ou capturados nos pântanos dos arredores de Dachau por um *Kommando* especial: o *Mückenkommando*[7] (*Kommando* dos Mosquitos). Nesse último caso, um procedimento específico de resultados aleatórios é colocado em prática com a ajuda de uma caixinha fechada em um dos lados por uma gaze, na qual os mosquitos que hospedam o parasita são aprisionados. Theodor Koch, um padre polonês selecionado para as experiências, narrará as condições dessa contaminação no primeiro julgamento de Dachau em dezembro de 1945.

> Fomos reunidos em outra sala, em que insetos contaminados estavam aprisionados em caixinhas. Cada um de nós recebeu uma caixa e tínhamos de manter nossas

mãos sobre ela, que era coberta por um pano. A sessão, com duração de meia hora, era repetida diariamente durante quase uma semana. Posteriormente um enfermeiro nos trouxe outra caixa, que colocamos entre nossas pernas, na cama, por um intervalo de meia hora a uma hora.[8]

Para evitar a contaminação, o jovem jesuíta Stanislaw Nowicki se aproxima tanto do braseiro que aquece a sala que os mosquitos morrem antes de picá-lo. Quando os funcionários pedem explicações, ele simula imbecilidade e consegue ser liberado.[9] O caso permanece uma exceção; a maioria das cobaias é infectada pelo parasita.

A maior parte dos que foram contaminados são testemunhas disso: a doença em si não se revela tão dolorosa, mas os tratamentos subsequentes, sim. Além de receber quinino injetado ou por via oral, os enfermos podem ser mergulhados em banhos de água fervente e secados sob uma pilha de cobertores, o que causa saltos de temperatura e fragiliza o coração. Um dos principais riscos reside na posologia aleatória dos medicamentos testados pelas equipes de pesquisa. Desse modo, uma superdose de Pyramidon causa muitas mortes nos alvos dessas experiências.[10] Dois sacerdotes teriam a morte diretamente causada pela malária: o padre Joseph Horky, pároco de Trebnice, na Tchecoslováquia, que falece em 11 de janeiro de 1943,[11] e o padre Francis Dachtera,[12] capitão da reserva do 62º Regimento de Infantaria polonesa, aprisionado na *Blitzkrieg** de 1939, que sucumbe a uma recaída em 22 de agosto de 1944. A essas mortes diretas somam-se as indiretas – não contabilizáveis – provocadas por patologias induzidas pela malária, como a tuberculose ou falência renal.

---

* N.T.: Tática militar utilizada pela Alemanha nazista para invadir a Polônia e outros países da Europa, que consistia na utilização coordenada da infantaria, dos veículos blindados e da aviação em rápidos e brutais ataques de surpresa, com o intuito de desestabilizar as forças inimigas e evitar que tivessem tempo de organizar a defesa.

AS PESQUISAS SOBRE O FLEIMÃO

Por mais desumanas que sejam essas experiências, elas são, contudo, "menos piores" quando comparadas às pesquisas sobre o fleimão realizadas em Dachau, das quais os sacerdotes são as principais cobaias. O fleimão representa então um desafio médico prioritário para o Reich. Essa doença infecciosa, que se desenvolve na região de feridas mal curadas ou infectadas, afeta muitos feridos de guerra. Além da dor insuportável que provoca, ela pode se transformar em gangrena gasosa. Sem o tratamento apropriado, é uma das principais causas de mortalidade no campo de batalha. Somado a essas razões militares há um fator mais pessoal na mente de Heinrich Himmler: é justamente de uma septicemia violenta que Reinhard Heydrich morre em 4 de junho de 1942, após um ataque de granadas cometido pela resistência tcheca em Praga.[13] Suas feridas não eram mortais, mas fragmentos do estofamento de seu carro penetraram em seu organismo e provocaram essa infecção fulminante. Contrariado por esse episódio, o chefe da SS encoraja absolutamente o estudo acerca dos fleimões e da septicemia nos campos de concentração.

Em julho de 1940 já começam as primeiras experiências médicas em vários campos, incluindo Dachau. Os indivíduos estudados são acometidos de fleimões naturais, consequência dos ferimentos causados pelo trabalho nos *Kommandos*. Mas os primeiros resultados não contentam Himmler, que considera que as cobaias são tratadas com respeito demasiado e que continua convencido da eficácia das terapias bioquímicas, embora os primeiros estudos comprovem que a cirurgia seria o procedimento mais adequado. No outono de 1942 os métodos se alteram. Coordenados pelos médicos Rudolf Kiesswetter e Heinrich Schütz, os novos protocolos – realizados na *Biochemische Versuchsstation* (Estação Experimental Bioquímica) –, visam a comparar a eficácia de diferentes tra-

135

tamentos. Em 10 de novembro de 1942, 20 religiosos cujos sobrenomes começam pelas letras K, L ou M são selecionados pelo *Kapo* da enfermaria, Karl Zimmerman. Após uma série de exames, 8 deles são considerados aptos a serem levados para a estação experimental, onde encontram 12 outras cobaias. No total, contabilizam-se nesse grupo 18 sacerdotes poloneses, 1 padre tcheco, Jaroslav Zamecnick, e 1 pastor evangélico holandês, Ian Willem Tundermann. Três grupos são formados. O primeiro, composto por oito homens, deve receber como tratamento injeções de Tibatin, um medicamento à base de sulfonamida de eficácia já comprovada. O segundo, de efetivo equivalente, é medicado com comprimidos de Albucid, uma vez que os médicos buscam determinar seu potencial terapêutico. Os quatro últimos homens formam o grupo-controle e não recebem nenhum tratamento. Algumas horas após a inoculação de vários centímetros cúbicos de exsudato purulento nas coxas, os primeiros sintomas de infecção – vermelhidão, dores intensas, febre – não demoram a surgir, transformando-se posteriormente em fleimões gigantescos. Indiferentes ao sofrimento, os médicos da SS, auxiliados pelos enfermeiros da enfermaria, administram os tratamentos metodicamente e não consideram alterá-los, mesmo quando a morte do "paciente" é iminente. Os indivíduos do grupo-controle são as primeiras vítimas, dentre elas o padre Jaroslav Zamecnick, que falece algumas horas após a inoculação. Ele estava em Dachau havia apenas algumas semanas. Os pacientes tratados com Tibatin, que formam o grupo A, reagem favoravelmente após várias injeções massivas. No entanto, pertencer ao grupo A não é sinônimo de sobrevivência: Heinrich Schültz decide injetar nos quatro religiosos do grupo que têm a recuperação mais promissora o próprio pus de cada um deles. Apenas um sobreviverá, o padre Stefan Natorski,[14] que chegou a Dachau em maio de 1942, após passar por Auschwitz.

OS "TRATAMENTOS"

Kazimierz Majdanski, que faz parte do grupo B e sofre o martírio após a injeção, não apresenta melhora em seu estado apesar das doses maciças de comprimidos. Como muitos de seus companheiros, ele deve submeter-se a uma intervenção cirúrgica.

> Ao acordar da anestesia, vi que minha perna estava enfaixada e envolta em grande quantidade de algodão. Na primeira troca de curativos [...] pudemos ver as entubações e descobrir o preço da drenagem dos músculos humanos: as trocas de curativos eram atrozes. Eu via que os agentes da SS fechavam os olhos. Eu sofria. A dor aumentava quando alguém fazia tremer o piso ao passar perto da cama. Eu tinha sido avisado: nenhuma gota de pus pode penetrar no organismo, pois o contrário significará a morte.[15]

O padre Bernard oferece uma descrição tão precisa quanto intolerável da maneira como são tratados os fleimões em Dachau:

> O enfermeiro [...] enfia uma faca até a profundidade de um dedo na panturrilha deformada pelo inchaço; depois, do outro lado, ele insere uma segunda faca oposta à primeira. Sangue, pus e água escorrem em abundância. Depois disso, um cinzel sem fio com uma fenda atravessa a panturrilha de um lado a outro, e, então, um pano embebido em um líquido é introduzido no entalhe pelo outro lado e retirado da panturrilha com a ajuda do cinzel. O retalho permanece na ferida para que ela não se feche. Qualquer um que consegue se colocar de pé corre para o pátio para escapar do terrível fedor.[16]

A primeira incisão praticada em Kazimierz Majdanski não oferece nenhum resultado positivo. O seminarista polonês é submetido a outras duas, mas sem sucesso. Quando sua morte parece inevitável em razão da septicemia iminente, ele deve sua vida à devoção do *Oberpfleger* ("enfermeiro-chefe") Heinrich Stöhr, que, no início de janeiro, furtara ampolas de Tibatin e lhe dá injeções escondido com a ajuda de outro enfermeiro, Stanislas Zamecnick.[17]

Graças a essa intervenção, que teria beneficiado quatro religiosos, o fleimão de Kazimierz Majdanski acaba por retrair-se. Ao final de abril ele finalmente deixa a estação experimental e pode voltar a seu pavilhão com outros sobreviventes. Eles são dispensados do trabalho durante duas semanas, um privilégio dos convalescentes. Mas o balanço dessas experiências é sombrio. Dos 40 eclesiásticos que foram submetidos às inoculações – um contingente de 20 indivíduos somou-se ao primeiro –, 11 morreram, a maior parte deles proveniente do grupo tratado com comprimidos bioquímicos.[18] Os sobreviventes conservarão sequelas graves para o resto da vida, perda dos dentes ou paralisias parciais.

COBAIAS PARA A LUFTWAFFE

As experiências médicas permanecem uma das provações mais dolorosas para os religiosos de Dachau. Embora tenham uma presença bastante expressiva nas estações experimentais bioquímicas e de malária, eles escapam, salvo raras exceções, de outras experiências médicas conduzidas em Dachau por médicos da SS, em particular aquelas envolvendo grandes altitudes, hipotermia e ingestão de água do mar para atender às necessidades da Luftwaffe. O padre católico Leo Michalowski é, no entanto, selecionado para testes de resistência à imersão na água gelada após ter servido de cobaia em experiências com a malária no verão de 1942. Em 7 de outubro do mesmo ano, ele é conduzido ao pavilhão 5. Sensores térmicos são implantados em suas costas e em seu reto e ele é mergulhado em um tanque de água gelada durante cerca de meia hora. Quando sua temperatura corporal atinge 30 graus, ele perde a consciência. Mas seu coração não para e ele é reanimado com a ajuda de um grogue, bebida à base de água quente açucarada, rum e limão. Dessa experiência ele conservará uma fraqueza cardíaca irremediável.[19] Outro eclesiástico teria sido selecionado para servir de cobaia nos testes nas câmaras de baixa pressão instaladas em Dachau, mas uma troca feita no último minuto pelo enfermeiro-chefe Walter Neff o liberara. De acordo com Neff, o escolhido em questão seria o pastor evangélico de origem judaica Josef Cohen,[20] que recebeu apenas um indulto bastante provisório, pois desaparece em um transporte de inválidos que parte do campo em 4 de maio de 1942.

"TRANSPORTE DE INVÁLIDOS"

Então irei ao altar de Deus.
(Salmos 43,4)

De todos os perigos que ameaçam os deportados de Dachau, em particular os sacerdotes, o "transporte de inválidos" é o mais temível. Em meio a mais dura penúria, nos *Kommandos* mais cruéis e mesmo nas estações experimentais, uma intervenção inesperada, um gesto de caridade ou de simpatia, o capricho de um *Kapo* ou de um SS podem alterar o curso do destino e desviar a perspectiva de uma morte iminente. Ao despertar pela manhã, ninguém pode prever se ainda estará vivo quando a noite chegar, mas a morte nem sempre é garantida. Uma das orações mais comuns entre os religiosos atesta esse estado de incerteza permanente: "Nossa Senhora, eu vos imploro, tomai-me em vossos braços e fazei-me atravessar esse dia sem que nada me aconteça".[1] A morte é certa em um único caso: o transporte dos inválidos.

TRATAMENTO ESPECIAL: 14F13

A instauração do transporte de inválidos se insere na perspectiva geral do programa de eutanásia Aktion T4, que Hitler suspende em agosto de 1941, após vigorosas intervenções do Monsenhor Von Galen. O programa é substituído por uma operação clandestina batizada de Sonderbehandlung 14F13 (Tratamento Especial 14F13), em referência à nomenclatura dos formulários de morte oficiais[2] concebida desde a primavera. Himmler confia a responsabilidade da operação a Viktor Brack,[3] que já se mostrara eficiente na coordenação do plano T4. O plano Sonderbehandlung 14F13, primeiramente pensado para os prisioneiros dos campos de concentração, prevê "que os prisioneiros portadores de deficiências sejam submetidos a controles médicos a fim de eliminar qualquer pessoa improdutiva".[4] Contingentes são determinados: prevê-se a eliminação de 20% do efetivo dos campos. A aplicação dessa diretiva, adotada ao final do mês de agosto em 1941, não demora a acontecer. Já no dia 3 de setembro, o médico da SS Friedrich Mannecke[5] chega a Dachau e passa dois dias realizando a primeira seleção de prisioneiros considerados inúteis. Esse "perito" visita quase todos os campos de concentração do Reich para efetuar seleções comparativas e se compromete a fazer o relatório minucioso de suas ações, do qual se regozija em cartas afetuosas que escreve regularmente à esposa.[6]

O CASTELO DE HARTHEIM

Entre a primeira seleção e a partida dos inválidos decorrem vários meses. É apenas em janeiro de 1942 que se põe em marcha o primeiro comboio que leva os "improdutivos" para um destino desconhecido de todos: o Castelo de Hartheim, próximo a Linz, no norte da Áustria. A construção majestosa, erguida no século XVI sobre as fundações de uma fortaleza mais antiga, é um dos seis centros de eutanásia criados no âmbito do plano Aktion T4; seu diretor é Rudolf Lonauer, médico austríaco da SS.[7] Em Dachau, os prisioneiros selecionados, parcamente vestidos, são reunidos na véspera de sua partida no chuveiro coletivo, onde devem esperar a noite toda, independentemente da temperatura. Ao contrário das vítimas do programa oficial de eutanásia, os prisioneiros selecionados para serem submetidos ao tratamento oficial 14F13 não são contemplados com os elegantes ônibus Mercedes da *Gekrat*,[8] a companhia de transporte criada especialmente para encaminhar os indivíduos designados para a *"Gnadentod"*[9] ("morte por misericórdia"), e são levados a Hartheim de caminhão. Ao chegar ao local, são conduzidos às câmaras de gás, com capacidade para 50 pessoas, e imediatamente asfixiados por meio de monóxido de carbono ou Zyklob B. Em seguida, os corpos são cremados em fornos crematórios.[10] Os caminhões voltam ao campo carregando apenas as roupas das vítimas, fazendo com que os prisioneiros logo compreendam a natureza do destino concedido àqueles que são selecionados para o transporte de inválidos.

OS SACERDOTES IDOSOS, OS PRIMEIROS VISADOS

Na fase dos chamados "privilégios", os religiosos de Dachau são poupados das primeiras seleções, que visam antes de tudo a doentes, pessoas de idade e alguns indesejáveis, sobretudo judeus. Mas a situação se modifica logo, especialmente quando um comboio de 187 sacerdotes poloneses – alguns deles idosos – chega a Dachau em 30 de outubro de 1941. Apinhados nos pavilhões 28 e 30, eles rapidamente ficam na mira dos responsáveis pela seleção. Em 3 de maio de 1942, menos de um mês após o fim das perseguições da terrível "Semana Santa" e dois dias depois de uma visita de Himmler a Dachau, os 50 primeiros religiosos – designados em ordem alfabética – são selecionados para o transporte dos inválidos. Embora comecem a correr, entre os prisioneiros mais antigos, os mais sinistros rumores sobre os transportes, os sacerdotes de partida querem acreditar no oposto, que essa partida poderia significar uma melhoria de sua situação. Muitos de seus companheiros não compartilham de seu otimismo, convencidos de que aquela seria a última vez que os veriam, mesmo que as condições da morte ainda sejam desconhecidas de todos. O bispo polonês Monsenhor Michal Kozal, que compartilha do pessimismo, vai abraçar um por um e, com lágrimas nos olhos, dá a bênção episcopal a cada um deles, que se ajoelham diante dele.[11] Essa cerimônia discreta se repetiria nos transportes subsequentes.

Até o mês de outubro de 1942, os religiosos são transportados em grande número nos transportes de inválidos, a ponto de constituir a maioria relativa dos contingentes enviadas à câmara de gás de Hartheim. De 4 de maio a 12 de agosto de 1942, dos 724 prisioneiros que são enviados para lá, mais de 300 são religiosos.[12] Grande parte deles tem mais de 50 ou até mesmo de 60 anos. Os quatro sacerdotes poloneses mais velhos assassinados em Hartheim nesse período nasceram em 1867. O padre Wawrzyniec Glogowski, de 74 anos, da diocese de Czestochowa, parte em 6 de maio de 1942. O padre Stanislaw Laskiewicz,[13] também de 74 anos, da diocese de Wloclawek, parte em 18 de maio. O padre Antoni Debinski, 75 anos, da diocese de Varsóvia, e o padre Michal Skowronek, de 74 anos, também da diocese de Wloclawek, são levados a Hartheim em 28 de maio. Considerados improdutivos, os sacerdotes idosos foram um alvo bastante visado a partir do momento em que Himmler ordena, em abril, que a capacidade de trabalho dos prisioneiros seja explorada ao máximo. As ilusões logo se desfazem, e a destinação final dos transportes passa a ser conhecida de todos, a despeito da ignorância do destino geográfico. Aqueles cujos nomes aparecem nas listas fatais ficam indiferentes a tudo e se refugiam no isolamento, enquanto aqueles que ainda têm forças para fazer piadas apelidam esses comboios de *"Himmelsfahrts Transport"*, isto é, "Transporte da Ascensão", em alusão ao episódio evangélico da ascensão de Cristo ao céu.

AMEAÇAS E CHANTAGENS

O espectro da seleção muda o comportamento dos prisioneiros. Apesar do sofrimento gerado pelo trabalho nos *Kommandos*, aqueles que são designados para isso consideram sua situação um mal menor, enquanto os que não têm ocupação fixa se empenham em unir-se a eles a fim de escapar do perigoso *status* de improdutivo. O padre francês Léon Leloir, capelão do *maquis* de Ardennes, que vivia os mesmos tormentos no campo de Buchenwald, resumiu esse dilema em dois versos evocatórios, aplicáveis a Dachau: "Apesar de sua crueza, o dito é verdadeiro: 'Em Buchenwald a m... é melhor do que o melhor dos transportes'".[14] Do ponto de vista dos torturadores, a implementação dos transportes dos inválidos oferece novos instrumentos para intensificar a perseguição aos prisioneiros. Em seu processo, o veterano de pavilhão Fritz Becher é acusado de ter "frequentemente ameaçado enviar os sacerdotes aos transportes de inválidos, o que todos sabiam ser um passaporte para a morte".[15] De fato, após as primeiras seleções executadas por especialistas externos ao plano Sonderbehandlung 14F13 ou pelos funcionários da enfermaria, são os próprios veteranos dos *Blocks* e os *Kapos* que fazem as listas dos indivíduos destinados a Hartheim. Ninguém mais está seguro, e o aumento da arbitrariedade permite que os guardas eliminem seus desafetos independentemente da identificação de invalidez ou de improdutividade.

OS POUCOS SOBREVIVENTES

São raros aqueles que, por um milagre, se salvam do transporte de inválidos. Dentre eles, duas das figuras sacerdotais mais marcantes de Dachau. A primeira é o padre Karel Horky, da Ordem Soberana de Malta, administrador da Igreja de Santa Maria da Vitória de Praga, onde se encontra a famosa estátua do "Menino Jesus de Praga", ainda objeto de grande devoção no mundo todo. Tendo chegado a Dachau em 20 de maio de 1942 com saúde, apenas levemente debilitado por uma estada no campo de Theresienstadt, ele logo fere as mãos e os pés no transporte dos panelões de sopa. As feridas infeccionam e tudo que ele recebe em troca de seus pedidos por tratamento são pancadas. Em uma de suas pernas se desenvolve um fleimão que o enfermeiro-chefe Heinrich Stöhr tenta sem sucesso reabsorver através de incisões. O padre Horky é então enviado para a estação experimental bioquímica, ainda em processo de instalação, e deve ingerir, um atrás do outro, uma centena de comprimidos ineficazes. Suas feridas necrosadas são enfaixadas com jornais velhos. Tendo sido considerado um caso perdido, é selecionado para um transporte de inválidos em julho. Mas ele escapa da morte graças à intervenção discreta de Heinrich Stöhr. É apenas em setembro que sua perna é amputada acima do joelho. Um ano e meio depois, ele recebe no campo uma prótese enviada por seus pais.[16] O segundo sobrevivente surpreendente é o padre Leo de Coninck, registrado em Dachau menos de um mês após o padre Horky. Sem entrar em detalhes, ele faz uma síntese evocativa do episódio:

> Em minha chegada ao campo, fui designado a um grupo de 400 a 500 condenados à asfixia: graças a uma série de circunstâncias nas quais a proteção de Nossa Senhora é evidente, consegui evitar o assassinato. Mas, durante dois terríveis meses, vivi a vida dos *"morituri"*.[17] Tendo recém-chegado ao campo, eu era praticamente o único que estava fisicamente apto.[18]

DESACELERAÇÃO DOS TRANSPORTES

Após o mês de agosto de 1942, os transportes de inválidos tornaram-se mais espaçados. Em 30 de outubro, o pavilhão pelo qual transitam as vítimas selecionadas é desativado e aqueles que aguardam pelo transporte são enviados à enfermaria para receberem tratamentos antes de serem eventualmente enviados para seu pavilhão de origem. Mas essa passagem pela enfermaria acaba com uma injeção de fenol – de que os tuberculosos em particular são vítimas – que leva ao mesmo resultado que um transporte para Hartheim, com menos formalidades administrativas.[19] Os motivos dessa interrupção repentina são incertos. Uma decisão pessoal de Himmler ou a influência de Martin Weiss, que assume o comando de Dachau em setembro de 1942, são algumas das razões mais comumente evocadas. Durante seu julgamento, em sua defesa, Martin Weiss insistirá na coincidência entre a interrupção dos transportes e o fato de ele ter assumido o comando.[20] O padre Hermann Scheipers, da Diocese de Meissen,[21] evoca uma terceira pista. Após ser selecionado para o transporte de inválidos, ele teria conseguido alertar sua família, que teria então tomado providências junto à RSHA. Para evitar que a ação Sonderbehandlung 14F13 fosse publicamente revelada, a operação teria sido imediatamente interrompida. Essa última hipótese não pôde ser confirmada.[22] Apesar da interrupção das seleções, os prisioneiros continuam assombrados pela possibilidade de retorno. "Os transportes de inválidos eram o pavor dos mais velhos", observa Edmond Michelet em suas memórias.[23] Além disso, embora os enfermos, que eram os mais visados, escapem agora da morte industrial administrada em Hartheim, eles continuam sendo enviados para campos específicos, como Majdanek ou Bergen-Belsen, onde as chances de sobrevivência são quase nulas.

A CÂMARA DE GÁS EM DACHAU

Alguns testemunhos evocam a câmara de gás de Dachau, adjacente aos fornos crematórios, e os assassinatos ali cometidos. É o caso, dentre outros, do abade René Fraysse, preso em 20 de abril de 1944, em Frankfurt, quando exercia a capelania clandestina de trabalhadores do STO. Em suas memórias, ele evoca "a câmara de gás em que são executados em massa os condenados à morte em sua chegada ao campo. O interior da sala se parece com um chuveiro. Quando, sob o pretexto de desinfecção, os infelizes são levados para dentro, as saídas são hermeticamente fechadas e os gases asfixiantes cumprem seu papel".[24] Embora uma câmara de gás tenha de fato sido construída no pavilhão X – os religiosos fizeram parte do *Kommando* criado para esse propósito –, não há indícios de que ela tenha sido utilizada para perpetrar assassinatos maciços. Por outro lado, permanece plausível a hipótese de testes pontuais conduzidos pelo médico da SS Sigmund Rascher, próximo a Himmler.[25] De todo modo, as memórias das seleções, os transportes para outros campos e os rumores que correm sobre a câmara de gás geram uma atmosfera de angústia permanente a partir de 1943.

TERCEIRA PARTE

UM LAR ESPIRITUAL

UMA CAPELA EM DACHAU

Pois minha casa será chamada casa de oração para todos os povos.
(Isaías 56,7)

Muitos sobreviventes dos pavilhões dos sacerdotes, em particular os poloneses, por vezes mostraram-se magoados quando alguns evocavam um suposto tratamento preferencial recebido por eles. Alguns meses de clemência no ano de 1941 não poderiam atenuar o terror das experiências médicas e dos transportes de inválidos, de que foram os principais alvos. No entanto, se há uma vantagem que nenhum dos eclesiásticos presos em Dachau jamais contestou é a existência de um local único em todo o sistema dos campos de concentração: a capela. A capela do campo, além de passar por negociações complexas com as autoridades do campo, ter sua existência constantemente ameaçada e ser um local ao mesmo tempo de inclusão e exclusão, é, antes de tudo, um espaço de consolo e de esperança para aqueles que querem e podem acessá-lo.

AQUISIÇÃO DIPLOMÁTICA

A construção de um local de culto destinado aos religiosos presos no campo é uma questão central nos acordos entre o Núncio Apostólico Cesare Orsenigo e o Secretário de Estado do Ministério das Relações Exteriores alemão Ernst von Weizsäcker, iniciados logo nos primeiros meses de 1940. Após duras negociações, o embaixador do Vaticano atinge seus objetivos. Em uma correspondência de 9 de novembro de 1940, o ministro do Reich para as os Assuntos Eclesiásticos, Hanns Kerrl, informa ao cardeal Bertram, arcebispo de Breslau, que não apenas os religiosos ficarão reunidos em Dachau, como também terão o direito de celebrar ou acompanhar a missa em uma capela. Quatro dias depois, o núncio informa o acordo ao cardeal Luigi Maglione, Secretário do Estado da Santa Sé. Os efeitos dessa decisão são imediatos. Enquanto inúmeros sacerdotes chegam a Dachau já no mês de dezembro e atingem o efetivo de 1.007 ao final do ano,[1] as obras de instalação da capela começam no dormitório 1 do pavilhão 26, cujo refeitório e dormitório foram fundidos para ampliar o espaço. Após terem demonstrado pouca pressa, as autoridades aceleram as obras, de modo que a primeira missa pode ser celebrada em 21 de janeiro de 1941 pelo sacerdote polonês Pawel Prabucki, responsável pela administração de uma capela informal no campo de Sachsenhausen, de onde ele viera em 14 de dezembro de 1940, trazendo os principais objetos e acessórios indispensáveis às celebrações.

UMA CAPELA COMPLETA

Em sua primeira versão, a capela do pavilhão 26 é bastante simples e tem uma pequena mesa que serve como altar. Pouco a pouco, mobiliário e novos ornamentos vêm enriquecê-la de tal modo que, no momento da libertação, ela não deixa a desejar em comparação às igrejas fora do campo. Um tabernáculo é construído clandestinamente na oficina de marcenaria que serve para construir móveis para os funcionários da ss do campo. Pedaços de latão e ferro branco cortados de latas permitem decorá-lo com ornamentos sumários. A primeira cruz do altar é talhada em uma madeira grosseira e os castiçais são fabricados com materiais recolhidos no campo. Com o passar do tempo, graças aos presentes dos paroquianos e aos frutos do "arranjo", os objetos e ornamentos são abundantes. A modesta cruz é substituída por uma autêntica obra de arte: uma via-sacra e gravuras representando São José ou o Sagrado Coração de Jesus vêm embelezar as paredes. Paramentos litúrgicos revestem o espaço que serve de sacristia. Não falta nada: eventualmente haverá inclusive um harmônio para acompanhar o coral durante os ofícios.

A capela de Dachau acaba atingindo um verdadeiro nível de refinamento. "Para as exposições do Santíssimo Sacramento [...], dispúnhamos de dois ostensórios: uma de aparência severa e simbólica, com cruz de ébano e lúnula em forma de sol raiado de ferro branco; a outra em madeira clara de limoeiro", recorda-se o padre De Coninck.[2] Em 25 de setembro de 1944, chega ao pavilhão 26 o Monsenhor Gabriel Piguet, bispo de Clermont-Ferrand, preso por ter auxiliado redes de abrigo a judeus perseguidos. É a ocasião de confeccionar novos ornamentos para a celebração de uma Missa Pontifical, pois os sacerdotes buscavam respeitar as numerosas disposições litúrgicas estabelecidas para aquele ofício, apesar de estarem cercados pelo arame farpado. "Um monge beneditino[3] que tinha sido artesão fabricou uma cruz em madeira de muito bom gosto. Outros artesãos tinham cortado dois anéis de pedaços de couro e uma cruz peitoral. Eu utilizava esses objetos para meus ofícios pontificais", conta o bispo de Auvergne.[4] O couro utilizado para fabricar os anéis e a cruz viriam das fábricas Messerschmitt, onde trabalham os *Kommandos* de Dachau.[5] Um objeto suscita grande veneração: a estátua da Virgem. De estilo clássico, ela foi um presente de Joseph Martin Nathan, bispo auxiliar da arquidiocese de Olomouc.[6]

SOB A VIGILÂNCIA DOS SS

A capela é monitorada de perto pelas autoridades, que não conseguem conceber que um centímetro quadrado do campo esteja fora do comando da SS. Entre março e setembro de 1941, o acesso à capela permanece aberto aos sacerdotes de todas as nacionalidades, que podem frequentá-la sob a supervisão do padre Prabucki, capelão *de facto*. No entanto, o acesso à capela é proibido aos prisioneiros leigos de Dachau, algo desolador para os religiosos, para quem o anúncio do Evangelho e a distribuição de sacramentos são uma parte essencial de seu ministério. Em setembro de 1941, o desaparecimento do *status* especial vem acompanhado de uma nova medida mortificante: dali em diante, o acesso à capela é proibido e reservado apenas aos alemães ou *Reichsdeutsche** reunidos no pavilhão 26. Uma tinta opaca é aplicada nas janelas da *Stube* 1 e o pavilhão é isolado com arame farpado.[7] O padre Prabucki é exonerado de suas funções e o padre Franz Ohnmacht ocupa seu cargo. O austríaco, da diocese de Linz, faz parte do primeiro grupo de religiosos presos em Dachau, aonde chega em 17 de junho de 1938.

---

* N.T.: Em tradução literal, "alemães do Reich". Na época, referia-se aos indivíduos que nasceram no Reich e lá residiam, em contraste com o termo *Volksdeutsche*, que designa indivíduos "etnicamente alemães" que nasceram/viveram fora do Reich.

A proibição da capela aos seus companheiros dos pavilhões 28 e 30 o coloca diante de um profundo dilema. Ele escolhe ainda assim obedecer às ordens do comando e limitar ao máximo as incursões dos sacerdotes excluídos, que, durante os ofícios, se amontoam o mais próximo possível das janelas cegas do 26, de onde esperam poder ouvir pedaços da liturgia filtrada por elas. Nem o Monsenhor Michal Kozal consegue acessar a capela.[8] A situação se altera com a partida do padre Ohnmacht, que, em uma exceção para aquele período, é libertado em 16 de março de 1943, após o fim da quarentena imposta no campo em razão da primeira epidemia de tifo. Ele é substituído nas funções de capelão pelo padre Georg Schelling, também austríaco, que chega a Dachau em 31 de maio de 1938.

Muito prudente, Schelling se mostra, no entanto, mais disposto do que o padre Ohnmacht para "arranjar" a situação a favor dos religiosos poloneses. Além disso, a maioria alemã no pavilhão 26 se reduz, visto que a partir de 19 de dezembro de 1942 todos os sacerdotes são reagrupados ali, com exceção dos poloneses e dos lituanos. Os sacerdotes franceses, cada vez mais numerosos a partir de 1944, conseguem obter mais flexibilizações da parte do padre Schelling. No verão de 1944, os sacerdotes poloneses podem novamente frequentar a capela de forma muito discreta: o capelão faz vista grossa. Ao longo dos últimos meses que precedem a libertação eles acabam frequentando os locais pública e abertamente e podem celebrar ofícios na capela. Ela se torna então a estrutura de uma "missa contínua, manhã e noite".[9]

A CAPELA AMEAÇADA

O capelão de Dachau continua atento a qualquer ameaça potencial à existência da capela. Desse modo, ele pede que os religiosos se levantem e abandonem suas orações quando visitantes de fora do campo entram na capela: a imobilidade dos religiosos meditativos durante esses episódios inesperados desencadeara duras reprimendas por parte do comando. Da mesma forma, o padre Schelling é confrontado com uma ameaça de fechamento da capela em julho de 1944 em razão da explosão demográfica que atinge o campo de concentração. O pavilhão 26 está de fato um pouco menos lotado do que os outros, instigando a ganância das autoridades do campo. Georg Schelling então multiplica as iniciativas para evitar essa decisão e argumenta, sem sucesso, pelo fechamento do bordel do campo para liberar espaço. É finalmente a chegada de um grande grupo de franceses que define a questão, uma vez que o pavilhão passa a estar tão cheio quanto os outros.[10]

Até a libertação do campo, o acesso dos leigos à capela permanece uma questão sensível e frequentemente dolorosa. De uma proibição dura e respeitada, passa-se, no entanto, para uma fase de relativa tolerância. Durante a primeira fase muitas testemunhas assistem a cenas terríveis de padres e pastores designados ao controle de acesso ao pavilhão expulsarem a socos e chutes os prisioneiros que tentam entrar na capela. Nesse sentido, Joseph Rovan, também conhecido como "Pierre Citron" – membro da resistência preso em 1944 –, relata o seguinte episódio, ocorrido pouco após sua saída do pavilhão de quarentena:

> Em um domingo de manhã, algumas semanas após a chegada de grandes comboios franceses, os fiéis que queriam ir à missa encontraram a porta fechada e, atrás dela, os pastores protestantes, a quem seus colegas católicos tinham ordenado que se transformassem em policiais auxiliares. O caso gerou repercussão: pastores protestantes usados pelos párocos católicos para impedir os crentes franceses de realizar seu dever dominical.[11]

Esse episódio provoca indignação entre os sacerdotes e seminaristas franceses do pavilhão 26, que acabam facilitando as condições de acesso dos leigos. Assim, muitos testemunhos atestam um acesso mais fácil à capela. Edmond Michelet é frequentador assíduo do local, e, quando contrai tifo, seu companheiro comunista Germain Auboiroux decide substituí-lo diariamente em uma atitude simbólica e amistosa.[12] Joseph Rovan, convertido, nascido em uma família judia alemã que chega a Paris em 1934, também aparece por lá seguidamente. Bernard Py conta que ele praticamente não tinha dificuldades em entrar no pavilhão 26 para conversar com os religiosos.[13]

UM LUGAR DE PAZ

Embora o regulamento imposto à capela tenha episódios dolorosos, esse lugar permanece sendo fonte de muito reconforto para os que conseguem visitá-lo às claras ou clandestinamente. Dois prisioneiros leigos expressaram de forma evocativa o que significou para sua experiência poder frequentar a capela:

> O padre dizia as mesmas palavras latinas que seus companheiros repetiam nas missas matinais do mundo todo, na mesma hora. Eu conseguia me desligar do universo do campo de concentração. Cada um, naquele instante precioso, recobrava sua dignidade original, frágil e indestrutível [...]. Na saída, à luz pálida do alvorecer, nos sentíamos um pouco mais capazes de enfrentar a fome e o medo.[14]

Marcel Dejean exprime uma impressão semelhante:

> Nós íamos encontrar [...] Aquele que tinha nossas vidas em suas mãos; encontrávamos o conceito de Amor em meio ao sofrimento, à fome, ao egoísmo, ao ódio e à indiferença, e também coisas raras: a calma, a beleza do altar, dos ornamentos, dos ritos, em meio a nossa sujeira, a nossa pobreza; a tranquilidade, o recolhimento, a solidão, em meio à superlotação constante e a ruídos de todo tipo [...]. Os SS não eram nada perto da realidade esplêndida e imortal de Cristo.[15]

A EUCARISTIA

*Quem come a minha carne
e bebe o meu sangue
permanece em mim e eu nele.*

(João 6,56)

Os sacerdotes de Dachau atribuem grande importância à preservação da capela e se esforçam para acessá-la de todas as formas possíveis não apenas porque se trata de um espaço de paz em que é possível abstrair o horror de Dachau, mas porque a capela é, antes de tudo, um local que privilegia a missa e, portanto, a eucaristia, "base e ápice de toda a vida cristã".[1] Dimensão essencial de sua fé e de seu sacerdócio, os religiosos acreditam que "na celebração da Eucaristia, [...] o pão e o vinho [...], pelas palavras de Cristo e a invocação do Espírito Santo, se tornam o Corpo e o Sangue de

Cristo".[2] Graças à celebração da missa, Cristo se faz *realmente* presente em meio aos fiéis. A "manducação" (o consumo) da hóstia tem consequências práticas.

> Dentre as uniões não há nenhuma maior do que aquela do alimento que se transforma na substância daquele que o toma; e quando recebemos Cristo, somos realmente transformados Nele, tornando-se um só com Ele. A comunhão é de fato a união mais estreita que alguém pode conceber; é o último nível da união na terra.[3]

A necessidade experimentada por aqueles que escolheram se tornar sacerdotes para viver em união profunda com Cristo é, portanto, primordial. "O que representa, para um religioso, ficar sem missa e sem comunhão só pode ser compreendido por outro religioso", observa o padre Hoffmann.[4]

Na ocasião da abertura da capela, em janeiro de 1941, a Eucaristia é celebrada todos os dias às quatro horas da manhã pelo padre Prabucki e uma vez por semana, aos domingos, pelo Monsenhor Michal Kozal, que goza dessa exceção graças à sua condição episcopal. A impossibilidade de celebrar a missa pessoalmente é um verdadeiro sofrimento para os sacerdotes de Dachau, mas o recebimento cotidiano e surpreendente da hóstia consagrada permite atenuá-lo. A diplomacia do Vaticano se empenha em assegurar o abastecimento regular de hóstias e de vinho da capela de Dachau, e aos diferentes capelães de Dachau não faltarão jamais esses elementos indispensáveis à celebração da Eucaristia. "Hóstias e vinho nos eram trazidas em abundância pelo pároco de Dachau, com o qual, no dia 25 de cada mês, nos correspondíamos regularmente para comunicar as necessidades do culto", confirma o padre De Coninck.[5]

RESTRIÇÕES

A celebração da missa em Dachau permanece sob uma atmosfera de tensão em razão da hostilidade dos ss para com essas manifestações religiosas. O ofício tem uma duração fixa de trinta minutos e um guarda fica vigiando em frente à capela para garantir que o prazo não seja ultrapassado. O padre Adam Kozlowiezki, que é preso em novembro de 1939 e chega a Dachau em 12 de dezembro de 1940 após uma passagem por Auschwitz, relata que um dia, quando a comunhão dura mais tempo que o autorizado, um ss entra furioso na capela e investe contra o celebrante, sem dúvida o padre Prabucki, vociferando: "Engulam tudo de uma vez! Comam tudo e terminem logo com isso!"[6] A partir da proibição da capela aos religiosos que não fossem alemães ou *Reichsdeutsche* em setembro de 1941, a questão da Eucaristia acarreta problemas praticamente insolúveis. O padre Ohnmacht, preocupado em não infringir o regulamento do campo e em não atrair a ira do comando, se recusa a colaborar com o repasse de hóstias clandestino aos companheiros dos pavilhões 28 e 30. Ele monitora atentamente seu estoque, dos quais alguns religiosos do pavilhão 26 planejam retirar alguns itens em favor de seus companheiros excluídos da missa e da comunhão. "Era ainda mais triste pelo fato de que os sacerdotes alemães, obedientes ao cumprimento rigoroso das proibições, se recusavam a proporcionar a Santa Comunhão clandestinamente aos sacerdotes poloneses", recorda com amargor o padre Biskupski.[7]

"ARRANJAR CRISTO"

O padre Otto Pies, jesuíta da diocese de Trier e uma das figuras religiosas mais marcantes de Dachau, faz parte dos "conspiradores" e repassa hóstias para os pavilhões vizinhos, onde os sacerdotes tchecos as recebem e garantem sua distribuição, tomando cuidado para não serem descobertos pelos *Kapos*. Os desaparecimentos logo são constatados e o padre Ohnmacht reforça as medidas de segurança das hóstias. Único detentor da chave do tabernáculo, ele se assegura de que mais nenhuma hóstia, consagrada ou não, saia da capela. Como assinala com humor o padre Hoffmann: "não se pode mais 'arranjar' o corpo de Cristo".[8] A única exceção desse regime draconiano em que consente o padre Ohnmacht se dava na ocasião da partida do transporte de inválidos. O capelão autoriza então que os religiosos, com muita discrição, levem a comunhão a seus companheiros selecionados para a câmara de gás de Hartheim.[9] Contudo, o fluxo de hóstias da capela para os outros pavilhões de sacerdotes, coordenado pelos religiosos rebeldes, fica extinto dali em diante. Soluções extremas são elaboradas para dar continuidade a levar a comunhão para os companheiros excluídos. Assim, quando o padre Karl Schrammel recebe a comunhão em sua língua – na época, a única maneira de comungar – ele retira rapidamente a hóstia antes que ela fique úmida, toma um pedaço para si e leva o restante para o padre Hoffmann, seu amigo tcheco. Encarrega-o em seguida de repartir o restante com seus próprios companheiros.[10]

Diante do bloqueio do tabernáculo imposto pelo padre Ohnmacht, os religiosos privados da comunhão decidem então realizar a missa clandestinamente. A questão do fornecimento de hóstias não consagradas é sempre levantada, já que, teoricamente, não é possível consagrar o pão levedado. As regras da liturgia são muito precisas. "O Santo Sacrifício eucarístico deve ser celebrado com pão ázimo, feito unicamente de trigo e fabricado recentemente, de modo que não haja nenhum risco de deterioração, e com vinho natural, de uva, puro e não deteriorado, sem mistura com outras substâncias".[11] Além disso, a presença conjunta do pão e do vinho é indispensável para a validação da Eucaristia. Tendo em conta essa dupla condição, diferentes sistemas são desenvolvidos para "arranjar" as hóstias e o vinho.

Um dos estratagemas mais audaciosos e mais tardios é executado na loja da plantação: local do campo em que os deportados vendem aos SS e ao público uma parte dos frutos de seu trabalho, por exemplo, maravilhosos gladíolos e azaleias.

O plano é colocado em prática na primavera de 1944, alguns meses antes que o acesso discreto dos sacerdotes poloneses à capela seja novamente possível. Em 16 de maio, uma jovem chamada Josefa Maria Imma Mack, apelidada de "Mädi", chega à loja de Dachau para comprar frutas e legumes para levar a seu convento em Munique, onde se prepara para se tornar religiosa. Na tenda, ela encontra o padre Ferdinand Schönwälder, um jovem padre dos Sudetos, que pede a ela que da próxima vez traga algumas hóstias e vinho para seus companheiros poloneses. Rapidamente, "Mädi" é incumbida de trazer setecentas hóstias a cada semana, uma tarefa que ela cumpriu, arriscando-se, até a libertação do campo.[12] O padre Hoffmann também "arranja" algumas hóstias com o auxílio de seu companheiro Aloïs Kolacek. Em pleno verão, o primeiro consegue colher algumas espigas de trigo maduro quando seu *Kommando* passa próximo a uma plantação. O segundo se encarrega de secar os grãos, moê-los e fabricar hóstias com a farinha obtida. Em casos extremos, pode ter acontecido de o pão levedado – às vezes apenas algumas migalhas dele – ter sido consagrado, como pode ter sido feito nos campos sem capela em que havia religiosos presos. Foi o caso de Buchenwald.

NOVAS CATACUMBAS

Uma vez recebidas ou fabricadas, as hóstias não consagradas são encaminhadas para os sacerdotes, que, com inúmeras precauções, podem começar a celebrar a missa. Nas "catacumbas do *Schlafraum*[13]" ("dormitório"), no espaço entre dois beliches ou nas plantações, os sacerdotes consagram o pão e o vinho na angústia permanente com a possibilidade de serem pegos por um *Kapo* ou um SS. Um copo serve de cálice, uma tampa de uma embalagem de remédio serve de pátena e um lenço é colocado sobre o altar como corporal. Os sacerdotes poloneses realizam a missa na plantação graças a um pequeno altar fincado na terra. Ajoelhados, os participantes se esforçam para dar a parecer aos SS que eles trabalham na terra.[14] Por questões de economia, as hóstias são repartidas em pedaços minúsculos e apenas algumas gotas de vinho são consagradas a cada eucaristia. Na época, a concelebração não é autorizada: na missa clandestina, cada padre que participa segura a hóstia ou fragmento de hóstia em suas mãos enquanto seu companheiro oficia. Ao fim da consagração, cada um se comunga discretamente e retoma suas atividades. Essas missas clandestinas permitem o armazenamento de hóstias para o uso de companheiros em grande sofrimento, enviados à enfermaria ou às estações experimentais. Desse modo, Kazimierz Majdanski, em meio à agonia, pode comungar graças a algumas hóstias trazidas em uma caixinha de ferro branca pelo padre Leopold Bilko, também cobaia de experiências envolvendo o fleimão.[15] Durante a grande epidemia de tifo no inverno de 1944-1945, alguns religiosos se voluntariam para doar sangue à enfermaria a fim de poder aproximar-se de seus companheiros enfermos e, assim, dar-lhes a comunhão.[16]

A comparação com as perseguições sofridas pelas primeiras comunidades cristãs em Roma não é meramente conjectural. Assim como seus predecessores das catacumbas, os religiosos de Dachau utilizam o acrônimo *"Ichtus"* – que significa "peixe" em grego – como código para designar as hóstias consagradas. Cada uma das letras é a inicial de uma palavra: *"Iesous Khristos Theou Huios Soter"*, ou seja, "Jesus Cristo, Filho de Deus, Salvador". Em envelopes de papel escondidos sob o casaco, a palavra *"Ichtus"* ou um peixe desenhado permitem saber que as preciosas hóstias sagradas estão ali ocultas.[17]

OS "TARCÍSIOS" DE DACHAU

Os religiosos de Dachau buscam espontaneamente levar o Santo Sacramento a seus companheiros leigos. Estabelece-se uma rede eucarística clandestina para distribuir a comunhão pelo campo. Os sacerdotes conseguem entrar no pavilhão de quarentena para levar a comunhão aos recém-chegados com o auxílio de seus companheiros ali confinados. O padre André Schumacher, da diocese de Besançon, consegue se infiltrar no pavilhão 19, por onde transita o padre Jean Kammerer após sua chegada ao campo em 29 de outubro de 1944, dia da Festa de Cristo Rei. Recorda o padre Kammerer:

> [Ele] me trouxe uma "raspa" de sopa para repartir e algumas hóstias consagradas dentro de uma embalagem de comprimidos para tosse. Então eu marquei um encontro no final do dia com sacerdotes do comboio e alguns companheiros identificados como católicos praticantes para comungarmos juntos em um corredor do dormitório imerso na penumbra.[18]

Jacques Sommet também se beneficia dessa solidariedade imediata no pavilhão da quarentena. "No bolso da minha veste, encontro um pacotinho. Alguém o colocou ali. Quem? Ainda não sei. No pacote minúsculo, uma caixinha, na caixinha, um pedaço de pão comum e... um pedacinho de hóstia", relata.[19] Uma vez designado para o pavilhão 26, ele tenta, por sua vez, levar a comunhão ao pavilhão de quarentena, mas é pego fazendo isso e expulso da área aos murros.[20]

Além do pavilhão de quarentena, os religiosos se esforçam para atender ao conjunto dos outros pavilhões do campo. Os religiosos que saem de seus pavilhões para reunir-se com crentes que desejam comungar, caminham nos corredores do campo com medo de uma revista inesperada, o que é sempre possível. A distribuição ocorre sempre o mais discretamente possível, como testemunha Marcel Dejean:

> Os religiosos que percorriam os pavilhões tiravam do bolso uma caixa qualquer de onde pegavam uma ou mais hóstias para nós e nossos companheiros. Nós nos retirá-

> vamos, procedíamos nós mesmos a nossa comunhão [...] e distribuíamos o restante a nossos companheiros. Mais tarde, quando Gérard[21] chega ao pavilhão dos sacerdotes, é ele que vem nos dar o corpo de Cristo.[22]

Em determinadas circunstâncias, alguns sacerdotes realizam a missa nos pavilhões leigos, apesar dos riscos que correm ao fazer isso. No Natal de 1944, o padre Alexandre Morelli realiza a missa da meia-noite na sala de atendimento do oculista do campo, que também é prisioneiro.

> Realizei em Dachau o mais extraordinário Ministério Sacerdotal de minha vida [...]. Uma das minhas maiores alegrias foi poder celebrar clandestinamente a missa do Natal de 1944. [...] Arrumamos tudo de modo que, em caso de imprevisto, eu pudesse rapidamente esconder o copo e a hóstia. E a missa se inicia. Escutamos passos de guardas SS no corredor. Os passos se aproximam, se afastam, voltam. É muito perigoso. Nossos corações estão acelerados, mas queremos ter nossa missa da meia-noite.[23]

Os religiosos recebem ajuda de leigos na tarefa de distribuição da comunhão. O padre De Coninck os apelida de "Tarcísios modernos",[24] em referência ao jovem mártir do século III, que levava escondido a comunhão aos doentes e que foi apedrejado pelos romanos, a quem ele se recusava a entregar as hóstias sagradas que eles queriam profanar.[25] Edmond Michelet, cuja função no *Kommando* de desinfecção permite o acesso a todo o campo, envolve-se com outros leigos nesse serviço clandestino. Segundo o relato de Joseph Rovan:

> No domingo, Michelet pedia a um celebrante que lhe desse hóstias consagradas, que ele guardava em uma grande caixa de fósforos para levar a comunhão aos doentes. E, como não podia estar em todos os lugares ao mesmo tempo, dividia seu precioso encargo com outros membros do *Kommando*. Consequentemente, era comum que

militantes comunistas ateus levassem aos moribundos católicos a derradeira consolação. Essa prática que nos parecia tão natural chocou, no entanto, alguns sacerdotes alemães: transportar o corpo do Senhor em uma caixa de fósforos certamente era falta de respeito com Deus.[26]

A atividade da rede eucarística por vezes resulta em fenômenos místicos. Bernard Py, um leigo francês, deportado aos 19 anos por ações de resistência, recebe, assim, uma parcela da hóstia. Ele desliza o papel dobrado que a contém em um bolso peitoral para comungar mais tarde. Quando, durante a tarde, é assaltado por pensamentos sombrios em seu *Kommando*, conta ter tido uma sensação especial vinda de dentro de seu peito.

> Sinto uma dilatação, uma alegria, uma ternura que se apresentam lentamente e crescem a cada minuto, transbordantes, invadindo minha pessoa por inteiro, experiência ao mesmo tempo física, ardente e espiritual que me provoca um amor e uma felicidade inesperados.[27]

Pouco depois, o rapaz percebe que a hóstia ainda está em seu bolso, local de onde vem aquela sensação repentina. Ele a retira de seu papel e comunga. O conforto gerado pela eucaristia aos católicos do campo, religiosos e leigos, permanece um fato confirmado e misterioso.

A VIDA SACRAMENTAL

*A minha graça te basta
porque o meu poder
se aperfeiçoa na fraqueza.*

(2 Coríntios 12,9)

A Igreja dispõe de sete sacramentos: eucaristia, batismo, confirmação, penitência, extrema-unção – atualmente chamada de unção dos enfermos –, ordem e matrimônio. Esses sacramentos, instituídos por Cristo e confiados à Igreja, "outorgam nascimento e crescimento, cura e missão à vida de fé dos cristãos".[1] Todos eles são administrados em níveis diferentes em Dachau, com exceção, obviamente, dos matrimônios.[2] Os batismos são raros. O padre René Fraysse faz referência a um "garoto judeu que tinha tido a sorte de escapar vivo de Auschwitz e pediu para receber o batismo".[3] Mas esses episódios são excepcionais.

CONFISSÃO E EXTREMA-UNÇÃO

Os dois sacramentos ditos de cura, a confissão e a extrema-unção, são muito mais frequentes. A presença permanente da morte leva os crentes a recebê-las preventivamente ou *in extremis*. Os religiosos confessam-se uns com os outros em qualquer circunstância e podem também confessar os leigos enquanto caminham em corredores do campo para simular conversa banal, uma vez que qualquer atividade pastoral fora da capela é proibida. Os confessores devem ter prudência diante de penitentes desconhecidos, às vezes pouco honestos, que buscam sobretudo ganhar a simpatia dos sacerdotes para obter deles algum alimento dos pacotes. Por vezes, falsos penitentes fazem o papel de "ovelhas" e podem tentar criar uma armadilha para seus confessores.[4]

Assim como a confissão, a extrema-unção é muito frequente em Dachau. Quando um sacerdote esgota suas capacidades de resistência e a partida à enfermaria se torna inevitável, uma cerimônia é organizada na capela ao redor do moribundo. O padre Zilliken, um pouco antes de sua partida à enfermaria, é acompanhado dessa forma, como relata o padre Münch:

> Antes da transferência, todos os sacerdotes de Trier, reunidos na capela, administram-lhe a extrema-unção. Com uma serenidade soberana, mesmo antes da morte, aquele homem me lembrava um patriarca. Ele recebe a extrema-unção em perfeita lucidez e consciência e abraça a todos antes de ser transportado da capela à enfermaria. Em 3 de outubro, sua alma retorna a Deus.[5]

Em situações extremas, muitos religiosos se mostram dispostos a correr qualquer tipo de risco para oferecer o amparo dos sacramentos a seus colegas e aos leigos, seja para dar o viático aos condenados ao transporte de inválidos ou para administrar a extrema-unção aos que têm tifo, com quem se isolam voluntariamente.[6] Um dos sacerdotes poloneses voluntários teria assim confessado 60 doentes e batizado um prisioneiro judeu à beira da morte.[7] Acontece ainda de seminaristas confessarem os moribundos, apesar de regulamentos mais antigos dizerem que apenas um religioso ordenado pode administrar o sacramento da penitência. Joseph Rovan relata ter recebido a "absolvição" de Jacques Sommet ao final de uma breve confissão, ocasião em que ele temia ser designado ao transporte após um acidente em seu *Kommando* de trabalho. "Nas circunstâncias em que vivíamos, ele e eu pensamos que o rito que realizamos tinha um valor significativo", recorda ele.[8]

ORDENAÇÃO SACERDOTAL

Se, por um lado, a Eucaristia, a penitência e a extrema-unção são celebradas cotidianamente na capela ou de forma clandestina, Dachau é também espaço de um sacramento muito mais excepcional: a ordem. Graças a um conjunto de circunstâncias e a uma conspiração benigna, um jovem seminarista torna-se sacerdote atrás das grades de arame farpado do campo de concentração. A ordenação sacerdotal de Karl Leisner é um dos episódios mais marcantes da história dos religiosos de Dachau. Tendo passado pela etapa do diaconato nas vésperas da guerra, sua ordenação devia ocorrer em 1939, mas uma tuberculose violenta seguida de sua detenção no sanatório interrompeu seu projeto.[9] Embora as deploráveis condições sanitárias do campo agravassem sua enfermidade, seu temperamento equilibrado desperta a admiração de seus colegas. Nas correspondências que consegue enviar a seus pais, em vez de sua assinatura, ele termina as cartas com a palavra "*Immerfroh*", que significa "sempre alegre". No final do inverno de 1944, embora o Exército alemão recue em todos os *fronts*, o que cria a frágil perspectiva de uma libertação próxima, a tuberculose de Karl Leisner não lhe permite ter muitas esperanças e o sonho de tornar-se padre começa a se esvair.

Um acontecimento inesperado impede essa fatalidade: a chegada do bispo de Clermont-Ferrand, Monsenhor Gabriel Piguet, em um comboio no dia 6 de setembro. Sua presença entre os prisioneiros faz renascer o plano, já que apenas um bispo tem autoridade para dar o sacramento da ordem, em condições bastante precisas. O padre Leo de Coninck realiza a solicitação ao Monsenhor Piguet, argumentando que a ordenação de um padre em um campo de concentração consistiria em uma vingança de Deus e em um sinal de vitória do sacerdócio contra o nazismo. O bispo dá ao jesuíta belga uma resposta direta:

> Não hesitarei nem um momento em fazer essa ordenação. Há, contudo, algumas condições a serem respeitadas, que o senhor conhece tão bem quanto eu: a autorização do bispo a quem o seminarista é subordinado e a autorização do arcebispo de Munique, na diocese em que se fará a ordenação.[10]

CONDIÇÕES MINUCIOSAMENTE OBEDECIDAS

É feito de tudo para respeitar essas condições. Josefa Maria Imma Mack cumpre um papel central no projeto. Ao longo da primeira semana do Advento, o padre Schönwälder lhe entrega uma carta do padre Otto Pies – um grande amigo de Karl Leisner e seu diretor espiritual – destinada ao cardeal Von Faulhaber. Na semana seguinte, a moça é convocada ao palácio do arcebispado de Munique, onde é recebida pelo arcebispo de Munique e seu secretário. Durante uma hora e meia, o prelado escuta com atenção e faz uma série de perguntas sobre seu contato com Dachau. Ao final dessa reunião, os dois homens desaparecem durante uma meia hora e retornam com a carta solicitada, juntamente com o óleo dos catecúmenos, necessário ao sacramento, uma estola e os livros rituais. O cardeal Von Faulhaber pede evidências que atestem a ordenação lhe sejam enviadas e os objetos emprestados lhe sejam devolvidos após o sacramento. Munida do precioso documento e dos recursos providenciados pelo cardeal, "Mädi" volta a Dachau, onde o padre Pies vai pessoalmente ao gabinete do padre Schönwälder para ouvir o relato da reunião e receber a carta.[11]

A outra autorização, que deve ser assinada pelo Monsenhor Von Galen, uma vez que Karl Leisner é de sua diocese, chega ao campo graças a uma segunda manobra, descrita pelo Monsenhor Piguet:

> O padre De Coninck veio me encontrar novamente, radiante de alegria. Ele me mostrou uma carta escrita por uma irmã do diácono alemão. No meio da carta, uma caligrafia diferente em que se lia: "autorizo as cerimônias solicitadas com duas condições: que elas possam ser realizadas de forma correta e que haja alguma prova material", seguida da assinatura apenas do primeiro nome do arcebispo de Munique, o célebre Monsenhor Von Galen.[12]

Apesar do caráter pouco protocolar do documento, o Monsenhor Piguet o considera válido sem hesitação. Todas as peças e objetos necessários à ordenação de Karl Leisner estão então reunidos. Mesmo a cerimônia ocorrendo no pavilhão 26, ela deve se dar na maior discrição e nenhuma informação pode sair dos pavilhões dos sacerdotes. A data da ordenação é marcada para o 17 de dezembro de 1944, o terceiro domingo do Advento, chamado também de *Gaudete* no calendário litúrgico, que significa "alegrai-vos!" em latim. Enquanto aguarda sua ordenação, Karl Leisner, exausto, febril, com o pulmão sobrecarregado, inicia um retiro interior de dez dias em sua cama na enfermaria, onde fica deitado e medita os evangelhos. Ao mesmo tempo, seus companheiros organizam a cerimônia para que nada falte quando o dia chegar.

UMA MISSA GRANDIOSA

A cerimônia marca para sempre os religiosos presentes. O Monsenhor Piguet está com todos os ornamentos litúrgicos necessários, que foram "arranjados" para ele. Ele veste uma batina roxa e uma mozeta confeccionada com o tecido proveniente das mercadorias saqueadas pelos alemães no gueto de Varsóvia. Quanto à mitra, é fabricada pelo único padre britânico de Dachau, o padre Albert Durand, oblato de Maria Imaculada.[13] Karl Leisner contenta-se em colocar uma alva sob seu uniforme listrado, juntamente com a estola diaconal. Ao redor dele forma-se um grupo de centenas de religiosos, na primeira fila do qual figuravam membros da diocese de Münster, seminaristas do campo, representantes de diversas nacionalidades, bem como pastores protestantes que participaram da organização do evento. Todos estão vestidos com o uniforme listrado dos deportados ou com roupas informais reformadas, com uma grande cruz de Santo André costurada nas costas. Lá fora, um violonista judeu concorda em tocar alguns trechos de músicas a alguns metros do pavilhão, com o objetivo de desviar a atenção de eventuais visitantes inoportunos.[14] Exausto, Karl Leisner deve permanecer sentado em um escadote de madeira enquanto o Monsenhor Piguet celebra a cerimônia, da qual ele próprio guardará uma lembrança emocionada.

> Nem os menores ritos foram ignorados. O recolhimento, o fervor, a emoção de todos estava no auge. Era como se eu estivesse em minha catedral ou em uma capela de meu Seminário Maior. Nada, absolutamente nada pecava contra a grandeza religiosa daquela ordenação, realmente única nos anais da história.[15]

Após a imposição de mãos do bispo, todos os companheiros, a partir daquele momento, confrades de Karl Leisner, impõem-lhe as mãos um após o outro. Os religiosos que não podem assistir pessoalmente à ordenação oram por ele em seus pavilhões, e muitos de fato o conhecem, alguns desde o campo de Sachsenhausen.

A ORDENAÇÃO DE KARL LEISNER

Ao final da ordenação, o padre Karl Leisner, ainda que exausto, abençoa seus companheiros e participa em seguida de uma sessão de fotografia improvisada com uma câmera "arranjada". O rapaz abençoa seus confrades e depois se dirige aos poloneses para abençoá-los. O Monsenhor Piguet, vencido pelo cansaço, precisa deitar-se por alguns instantes. São realizados os registros escritos da ordenação, ornados de iluminuras, para serem enviados ao Monsenhor Von Faulhaber e ao Monsenhor Von Galen. Uma pintura é realizada para a ocasião e presenteada ao Monsenhor Piguet. Ela leva a seguinte indicação: "*Christi Vinctus Vinctum sacerdotis gratus initiavi*", que significa "Enquanto prisioneiro por Jesus, dei o sacerdócio a outro prisioneiro de Jesus, com devota gratidão a Deus".[16] Contrariamente à tradição, Karl Leisner não pode celebrar a missa no dia seguinte à sua ordenação, pois está demasiadamente debilitado. Em 26 de dezembro, dia de Santo Estêvão, o primeiro mártir cristão, ele pode finalmente celebrar seu primeiro ofício. O padre Otto Pies prega o sermão. Um grupo numeroso de companheiros o assiste. Por fim, é realizada uma pequena festa, com café e bolo. "Justamente ali onde o sacerdócio tinha sido extremamente humilhado e onde devia ser exterminado, a vingança divina tinha sido impressionante: mais um padre tinha nascido para o sacerdócio de Cristo", sintetiza o Monsenhor Piguet.[17] Essa será a única missa de Karl Leisner. Em uma carta escrita ao amigo Heinrich Tenhumberg, ele conta: "após mais de cinco anos de oração e espera, acabo de viver horas, dias, repletos de uma enorme felicidade... que nos compensaram maravilhosamente por tantas horas sombrias".[18] O jovem padre sobreviverá até a libertação do campo. Levado ao sanatório de Planegg, perto de Munique, ele falece em 12 de agosto de 1945. Fotografias comoventes foram tiradas dele, radiante, alguns dias antes de sua morte, sempre acompanhado de seu amigo, o padre Pies.

MONSENHOR PIGUET NO "BUNKER DE HONRA"

A ordenação sacerdotal de Karl Leisner quase não ocorreu. Isso porque, logo após a cerimônia, o Monsenhor Piguet é separado dos religiosos. Em 29 de dezembro, ele é convocado à seção política do campo para ser interrogado pela Gestapo. Segundo o Monsenhor Piguet, os policiais atuam a pedido de Berlim para investigar a situação de três bispos presos em território francês: o Monsenhor Pierre-Marie Théas, o Monsenhor Jean-Marcel Rodié e ele próprio.[19] Três semanas depois, o bispo de Auvergne é novamente convocado e, dessa vez, se vê trancado na prisão do campo, apelidada de *"bunker* de honra", sem nem ter tempo de se despedir de seus companheiros do pavilhão 26. Nessa prisão estão reunidas as personalidades do campo. As condições de alimentação são mais favoráveis, mas o isolamento é duro. Ainda assim, o Monsenhor Piguet encontra importantes figuras, como o general francês Charles Delestraint, chefe do Exército secreto, que chega a Dachau em 6 de setembro, após passar por Natzweiler, onde ele já havia encontrado o bispo. Uma relação estreita se forma entre os dois homens.[20] O Monsenhor Piguet encontra também outras personalidades religiosas, como o pastor protestante Martin Niemöller e Johann Neuhaüsler, cônego de Munique e homem de confiança do cardeal Von Faulhaber. Uma capela pequenina é instalada no bunker de honra, na qual os cultos católicos e protestantes podem ser celebrados. "Havia apenas um altar com crucifixos e círios",[21] recorda o pastor Niemöller, que só é autorizado a orar na capela a partir de dezembro de 1944. Se a ordenação de Karl Leisner, única na história da Igreja, tivesse sido marcada para algumas semanas depois, ela poderia não ter ocorrido.

A LIBERTAÇÃO

*O Senhor me ungiu para pregar
boas novas aos mansos; enviou-me
a restaurar os contritos de coração,
a proclamar liberdade aos cativos,
e a abertura de prisão aos presos.*

(Isaías 61,1)

Ao longo dos últimos meses de existência do campo de Dachau, o sofrimento dos prisioneiros atinge seu auge. Além da devastação causada pela epidemia de tifo exantemático, o recebimento de pacotes é escasso, com exceção dos que transitam através de redes organizadas na Suíça. Os Aliados multiplicam os ataques aéreos. O campo recebe alertas sucessivos enquanto Munique é devastada pelas bombas. Os crematórios do pavilhão X não dão conta de incinerar os lotes de cadáveres que lá se acumulam. O padre Sommet utiliza a imagem "tapete humano" para descrever Dachau naquela época.[1] Uma vala comum é escavada atrás da plantação na tentativa inútil de abarcar o excedente de cadáveres.[2] No período de 1º de janeiro a 29 de abril de 1945, entre 13 e 15 mil pessoas teriam morrido em Dachau, isto é, quase a metade do total de vítimas registradas no campo de concentração desde sua criação.

RUMORES SOBRE EXTERMÍNIO

Os rumores mais terríveis circulam entre os prisioneiros. Segundo os boatos, ordens precisas teriam sido dadas pelos escalões mais altos para que se acabasse com qualquer vestígio das atividades homicidas realizadas no campo, que passaria pelo assassinato sistemático de todos os prisioneiros. Rumor breve, insistente, segundo o qual os prisioneiros devem ser exterminados pelos lança-chamas ou pelas bombas da Luftwaffe. Projetos assim parecem realmente ter se desenvolvido, como os planos Wolke A1 (Nuvem A1) e Wolkenbrand (Nuvem de Fogo), que consistiriam em ordenar que a aviação alemã rasasse sobre o campo de Dachau e os campos auxiliares de Mühldorf e Landsberg e depois acusar os bombardeiros aliados de ter cometido a atrocidade.[3] Os pavilhões dos religiosos, superlotados, são tão suscetíveis quanto os outros a esse medo que se alia ao sofrimento físico. Contudo, os eclesiásticos encontram forças na oração, como relata o padre Hoffmann.

> De 3 a 11 de fevereiro de 1945, ofícios especiais foram celebrados na capela para afastar os perigos. O tifo assolava Dachau. Os bombardeios ameaçavam o campo e havia também outros perigos. Durante essas devoções, os sacerdotes oravam não apenas por eles mesmos, mas por todos os prisioneiros. Todas as noites o padre De Coninck propunha uma meditação em latim. Vinham em seguida as ladainhas e as orações, conduzidas alternadamente por religiosos de nacionalidades diferentes.[4]

LIBERTAÇÕES ANTECIPADAS

Essas preces foram atendidas? De 27 de março a 11 de abril, cerca de 150 sacerdotes alemães e austríacos são libertados. Essa decisão – de justificativas pouco claras e aparência contraditória ao suposto projeto de fazer desaparecer qualquer traço das atrocidades cometidas no campo de concentração – teria sido tomada por Himmler. Dentre os religiosos libertos figuram muitas personalidades, como o capelão Georg Schelling, o padre Otto Pies, o padre palotino Josef Kentenich, fundador do Movimento Apostólico Internacional de Schoenstatt, e o padre Corbinian Hofmeister, da abadia beneditina de Metten, preso no *bunker* de honra. Alguns dos sacerdotes libertos manifestam uma devoção admirável, como o padre Josef Neunzig – apelidado de "Jupp" por seus companheiros de prisão –, que volta à loja da plantação vestido como civil para, escondido, levar alimento para os que continuam cercados pelo arame farpado.[5] Alguns morrem após poucas semanas, como o padre Peter Schlicker, que falece de tifo em 19 de abril no hospital de Salzburgo.[6] O padre Johannes Zimmermann, liberto em 29 de março, será atropelado por um carro em 25 de julho de 1945 e não sobreviverá aos ferimentos.[7]

AS MARCHAS DA MORTE

Primeiro campo nazista a ser inaugurado, Dachau é quase o último a ser libertado. Os americanos só conseguem fazê-lo em 29 de abril.[8] É para lá então que se dirigem muitos comboios de prisioneiros famintos vindos de outros campos, evacuados a partir de 1944, à medida que o Exército alemão recua. Quando o prisioneiro tem sorte de sobreviver a esses terríveis transportes, chega a Dachau em estado de carência extrema e tem de se apinhar nos pavilhões já superlotados. O comboio mais mortífero chega em 28 de abril. Vindo de

Buchenwald algumas semanas antes, ele traz muitos religiosos.[9] Chega a vez do campo de Dachau precisar ser evacuado. Os primeiros alertas surgem já no início do mês de abril, mas é só a partir do dia 20 que os primeiros grupos de prisioneiros considerados aptos a serem transportados se põem a caminho do sul, onde Himmler espera construir uma fantasmagórica "fortaleza dos Alpes" ou se proteger em um "reduto bávaro".

Um dos grupos mais importantes é formado em 26 de abril. Ele compreende 1.524 judeus exauridos, vindos em sua maioria dos campos anexos de Kaufering e Mühldorf, 4.150 russos e 1.213 *Reichsdeutsche*, dentre os quais estão mais de 80 religiosos. Supervisionados por oficiais SS fortemente armados, prontos para atirar os mais fracos em fossas, os prisioneiros pegam a estrada ao entardecer e enfrentam uma terrível marcha à noite. Informado dessa partida, o padre Otto Pies precipita-se para ajudá-los.

> Consegui salvar muitos colegas, muitos sacerdotes que participavam da "marcha da morte", 7 mil prisioneiros de Dachau, comboio desesperador, terrível, andando à noite. Nessa ação e resgate, nossos estudantes de escolasticado fizeram maravilhas, em particular o irmão Franz Kreis, que era tenente no Exército. O padre Von Tattenbach, reitor (do *Pontificium Collegium Germanicum et Hungaricum de Urbe*), e o padre Kormann colocam o caminhão da instituição a minha disposição; eles trouxeram alimento para os prisioneiros que morriam de fome naquela marcha; com coragem e audácia, acolheram os resgatados em seus lares ou em casas da vizinhança.[10]

Não foi constatada a morte de nenhum dos religiosos que estavam na marcha.

O DESTINO DOS PRISIONEIROS ESPECIAIS

Monsenhor Piguet, ainda preso no *bunker* de honra, tem um destino singular junto de alguns de seus companheiros de confinamento, como Xavier, duque de Parma, pretendente carlista ao trono de Espanha e irmão de Zita, última imperatriz da Áustria; Léon Blum, ex-presidente do Conselho de Ministros francês, e sua esposa, Jeanne, com quem se casou em 1943 em Buchenwald; ou ainda Kurt von Schuschnigg, ex-chanceler austríaco, sua esposa, Vera, e a filha de 4 anos, Maria-Dolores, nascida na prisão. Em 26 de abril, todos esses prisioneiros são transferidos do *bunker* de honra para um pavilhão isolado, do outro lado do campo, e atravessam a multidão de prisioneiros. Sua nova morada é nada mais nada menos do que o antigo bordel do campo, o que faz o Monsenhor Piguet estremecer. "Quando eu soube daquilo, aspergi as instalações de água benta e celebrei uma missa de reparação pelos pecados cometidos no local", conta.[11] Em 24 de abril, ele é informado de que partirá para um destino desconhecido. Muitos religiosos, convencidos de que o único bispo do campo está condenado ao aniquilamento, vêm demonstrar sua fidelidade e implorar sua bênção. O padre Clément Cotte, seu vigário de Clermont, é o primeiro da fila. Monsenhor Piguet não será executado. Ele é conduzido com vários companheiros – dentre eles, o pastor Niemöller – a Innsbruck, na Áustria, onde se dirige ao Passo de Brenner, que leva à Itália. Seu trajeto é interrompido no hotel Pragser Wildsee, à beira do lago de Braies. Em 4 de maio, quando está saindo da capela em que acaba de realizar a missa, soldados americanos ocuparam a área. Ele está livre. Seus companheiros de Dachau tinham sido libertados havia cinco dias.

AS ÚLTIMAS HORAS

No campo, os últimos dias, as últimas horas da dominação ss se esgotam, divididas entre esperança e angústia. O ressoar do canhão está cada vez mais próximo. Um comitê internacional é criado semiclandestinamente prevendo a libertação, sem saber se haverá ou não a ocasião em que se fará útil, visto que os lança-chamas da ss poderiam, em poucos instantes, pôr fim ao projeto. O presidente do comitê é o *Lagerälteste* ("chefe de campo") Oskar Müller, comunista alemão. Edmond Michelet passa a representar a França após o assassinato do general Delestraint. O comitê permanece reunido desde domingo de manhã cedo, dia 29 de abril de 1945, véspera do suicídio de Adolf Hitler. O campo parece vazio. Os prisioneiros recebem a instrução de permanecerem calmos e, se possível, trancafiados em seus pavilhões. Os SS desapareceram, com exceção de alguns que continuam em seus postos, atrás de suas metralhadoras, no alto das torres de vigias. Por volta do meio-dia uma bandeira branca é desfraldada dentro do território do campo SS: os sacerdotes a avistam ao sair do ofício dominical.[12] Missas ocorrem uma após a outra na capela durante o dia inteiro. Algumas horas depois, ao entardecer, alguns membros da 42ª e 45ª divisões americanas – dentre as quais figuram soldados de origem japonesa apelidados de "samurais" – adentram a vedação cercada de arame farpado. Um grande rumor percorre o campo. Segundo vários testemunhos, os três primeiros americanos que entram no campo são um soldado judeu, Samuel Kahn, uma jornalista, Margaret Higgins, e um capelão militar, que reza o Pai Nosso a partir do prédio de entrada[13] e então convida a multidão de prisioneiros a orar por seus ex-carrascos.[14]

DESOLAÇÃO

Ao percorrer as passagens do campo e os arredores do crematório, os libertadores descobrem a multidão de prisioneiros famintos e pilhas de cadáveres, amontoados até nos vagões vindos de Buchenwald, que ainda não foram descarregados. Apesar da bandeira branca, alguns SS se recusam a entregar suas armas. Eles são imediatamente mortos pelos soldados americanos. Uma vez que qualquer potencial de perigo é eliminado, vários guardas que tinham sido feitos prisioneiros são executados sem cerimônia contra um muro. A maior parte deles são indivíduos mais velhos, vindos da reserva, já que os mais jovens e ferozes uniram-se às unidades de combate. As circunstâncias dessa matança nunca foram formalmente determinadas.[15] Os prisioneiros perseguem seus carrascos pelo campo. Mansarian, um dos *Kapos* mais sádicos, de origem armênia, é retirado de seu esconderijo por suas vítimas. O homem é apedrejado e quase desmembrado. Seu corpo se soma à fila de cadáveres ss.[16] Apesar desses episódios, o campo é, antes de tudo, tomado por um grande júbilo. "Os gritos dos prisioneiros, loucos de alegria, continuam a crescer no campo, enquanto nos telhados dos pavilhões tremulam as bandeiras das nações cujos filhos aqui se encontram", recorda-se Kazimierz Majdanski.[17] O padre René Fraysse evoca "uma alegria formidável. Alegria da Ressurreição da Páscoa".[18] Um *Te Deum* é celebrado na capela ao final do dia. Nos pavilhões 26 e 28, as reações são variadas. Jacques Sommet vai ao crematório.

> Eu, sem pensar, comecei simplesmente a rezar o Pai Nosso por aqueles que ali repousavam. Com outros, diante daqueles cadáveres, foram as únicas palavras a serem ditas, se é que há palavras a serem ditas. Nada mais a ser feito, nem outro ato humano a ser realizado. Um ato de orar no ato de esperançar.[19]

Kazimierz Majdanski, por outro lado, sente uma necessidade imperiosa de se libertar do horizonte do campo. Junto de um sacerdote e de outro seminarista, ele corre em direção a um campo e um bosque próximos dali. "Quem poderia imaginar uma emoção mais intensa, uma brisa mais encantadora?"[20] O padre Morelli compartilha desse sentimento:

> Lembro-me seguidamente, como um das alegrias mais vivas de minha existência, daquele instante extraordinário em que, pela primeira vez após dois anos, alguns minutos após a libertação do campo de Dachau, os portões do campo abertos, pude, inebriado pela liberdade, palmilhar livremente o chão dos campos da região, pensando que estava sonhando, batendo com o pé naquela terra alemã para me assegurar de que não era um sonho.[21]

A MORTE AINDA ASSOLA

Passadas as horas intensas de alegria e exaltação após a chegada dos libertadores, os ex-prisioneiros permanecem confrontados com uma situação igualmente precária, talvez ainda mais. Os americanos parecem desnorteados e se assustam com a devastação do tifo. Uma quarentena rigorosa é mantida. O campo permanece sendo autogerido pelos sobreviventes, atormentados pela decepção e incompreensão. "Os americanos, para alcançar o inalcançável, não tiveram outro remédio [...] a não ser tomar o lugar da ss no poder e reconstituir uma comissão administrativa baseada na autonomia interna dos prisioneiros, supervisionados de perto pela Autoridade externa, fonte de todo o poder e passível de pôr fim a qualquer delegação a qualquer momento", sintetiza Joseph Rovan, que participa ativamente da administração provisória de Dachau.[22] Apesar das pulverizações massivas de DDT e da campanha de vacinação realizada pela equipe médica americana, o tifo continua tão virulento quanto antes. Durante o mês de maio, 2.221 pessoas ainda morrem em Dachau. A maioria sucumbe ao tifo, enquanto outros não resistem à mudança brutal da dieta alimentar e falecem poucas horas após terem ingerido carne de porco ou de gado enlatadas.[23] Por muitos dias os corpos não são removidos. Muitos representantes franceses expressam sua preocupação com relação a isso em um relatório datado de 8 de maio de 1945, destinado ao governo e entregue a Roger Stéphane, jovem resistente que tinha se destacado na tomada do Hôtel de Ville, a prefeitura de Paris, em agosto de 1944. Designado ao Ministério do Interior, ele chega a Dachau em uma das primeiras delegações políticas enviadas por Paris. Os signatários do documento protestam contra "o verdadeiro escândalo do crematório, em que centenas de cadáveres permanecem sem sepultura desde a libertação, em um estado de putrefação e liquefação acentuadas, tudo com o intuito de oferecer um espetáculo sugestivo aos visitantes autorizados, ou, mais frequentemente, não autorizados, que vêm fazer um *tour* no campo".[24]

Os americanos parecem preocupados em explorar o drama de Dachau para fins de comunicação e multiplicam visitas, reportagens fotográficas e filmagens que chocam os sobreviventes. Alguns religiosos fazem intervenções junto às autoridades americanas para melhorar o destino de seus companheiros, fazê-los deixar a cerca de arame farpado e instalá-los nas acomodações dos ss. Desse modo, o padre Michel Riquet expressa sua revolta em uma correspondência ao general Dwight Einsenhower, comandante em chefe das forças aliadas:

> O senhor pode compreender nossa impaciência e mesmo nosso espanto ao constatar que mais de dez dias após ter aclamado nossos libertadores, os 34 mil prisioneiros de Dachau continuam presos atrás do mesmo arame farpado, continuam vigiados por sentinelas que ainda têm instruções para atirar contra qualquer um que tente fugir, o que para um prisioneiro é um direito natural, sobretudo quando lhe informaram que era livre e vencedor. Nos pavilhões diariamente visitados pela imprensa internacional, homens continuam apodrecendo, apinhados naquelas camas de três andares que a disenteria transforma em uma cloaca imunda, enquanto nas passagens dos pavilhões, cadáveres continuam a se enfileirar – 135 por dia –, como nos tempos mais sombrios dessa tirania que os senhores venceram.[25]

OS QUE FICAM ATÉ O FIM

Durante as semanas seguintes, muitos sacerdotes – tanto os que ainda estão sãos quanto os retidos pela quarentena – se empenham em contribuir para a volta à normalidade. A capela continua ativa, sob a responsabilidade dos sacerdotes poloneses, e colegas de todas as nacionalidades vêm realizar a missa lá.[26] Em 3 de maio, dia da festa nacional polonesa, uma cruz muito alta, com cerca de 12 metros, e um altar são erguidos na praça de chamada, justo onde ocorriam as sessões de flagelação e as execuções da época dos ss. Os sacerdotes poloneses celebram ali, no próprio dia, uma missa para sua pátria martirizada. Durante o mês de maio, vários ofícios solenes são celebrados em Dachau, dentre eles um *Te Deum* em 8 de maio, dia da capitulação da Alemanha, e uma grande missa de réquiem em memória dos mortos de Dachau.[27] À medida que o campo se esvazia, os religiosos permanecem junto dos moribundos e enfermos, com apoio da "missão vaticana" vinda da França e coordenada pelo padre Jean Rodhain,[28] da qual participam ativamente as franciscanas Missionárias de Maria, que chegam quatro dias após a libertação do campo. "Naquele campo em que a força tinha triunfado durante tantos anos, elas representavam a delicadeza feminina e a caridade cristã. Cada uma delas se desdobrou em sete para auxiliar a todos: salvaram incontestavelmente centenas de vidas", observa o abade Fraysse.[29] Dentre os religiosos que permaneceram em Dachau para servir seus companheiros doentes figuram muitos franceses. Dessa forma, Edmond Michelet cita os padres Louis Valton, Julien Lelièvre, Robert Hennion e René Fraysse.[30] Não são os únicos.

Os sacerdotes participam também das atividades mais cotidianas. Como no tempo dos ss, seu grau de instrução faz com que eles sejam muito procurados para desempenhar tarefas administrativas. Seminaristas são recrutados para preencher formulários absurdos, criados pelas autoridades americanas para recensear os indivíduos libertados dos campos de concentração. A primeira pergunta feita é: "em que ano você aderiu ao Partido Nacional-Socialista?". "Solicitamos aos seminaristas que se encarregassem disso; eles tinham o mínimo de instrução e a paciência era uma virtude que eles deviam praticar por dever de Estado", relata Joseph Rovan com humor.[31] Há também padres, sobretudo poloneses, trabalhando nos serviços postais restabelecidos após a chegada dos americanos. Por fim, há religiosos que participam da redação de jornais elaborados para cada uma das nacionalidades, a fim de manter os ex-prisioneiros do campo informados sobre a evolução da situação e sobre os acontecimentos relacionados à vida do campo. A publicação dos franceses se chama *La Quille* e muitos eclesiásticos contribuíam para ela, dentre eles Gérar Pierré.[32]

REGRESSOS

A partir do início do mês de junho o tifo é erradicado. São constatadas 68 mortes ao longo da primeira semana e mais nenhum novo caso é registrado, enquanto 10.200 pessoas ainda são tratadas em Dachau e 1.400 em Allach.[33] A contenção da epidemia permite finalizar a repatriação dos deportados durante as semanas seguintes. Sacerdotes e seminaristas voltam a seus lares e não demoram a retomar suas atividades pastorais ou seus estudos, assim que seu estado de saúde lhes permite. O contraste com o inferno de Dachau pode causar um verdadeiro choque. Belgas, luxemburgueses e holandeses fazem parte dos primeiros grupos a partir. Os franceses pouco a pouco também deixam o campo. Alguns se beneficiam de camionetes fretadas por seus departamentos de origem, vindos especialmente da França para repatriá-los. Muitos regressos são organizados graças às relações pessoais dos deportados e a recursos improvisados. Por conta da elevada porcentagem de eclesiásticos de Dachau, a partida do campo é acompanhada por uma dura inquietação. Os sacerdotes poloneses, em particular, temem a perseguição que os aguarda em seu país, agora controlado pelos comunistas, sob a tutela de Moscou. Muitos seminaristas poloneses se dirigem a Paris, onde são acolhidos pelo arcebispo, cardeal Emmanuel Suhard, e pelo núncio apostólico Angelo Roncalli, futuro papa João XXIII.[34] Alguns deles, que aguardavam a ordenação sacerdotal atrás dos arames farpados de Dachau havia muitos anos, tornam-se sacerdotes já no verão de 1945.

JULGAMENTOS

No primeiro julgamento de Dachau, que começa em novembro de 1945 dentro do campo, vários religiosos são chamados para testemunhar os sofrimentos vividos ao longo dos anos de prisão. A volta ao campo, onde milhares de ss estão sendo feito prisioneiros naquele momento, é uma dura provação para os ex-deportados, dentre os quais figuram vários religiosos dispensados do juramento.[35] Quarenta acusados comparecem perante seus olhos: na primeira fila, Martin Weiss, ex-comandante do campo. Ao lado dele estão muitos chefes de campo, dentre eles Michael Redwitz, Friedrich Ruppert e Josef Jarolin, diferentes agentes da ss e médicos, bem como três *Kapos*, dentre eles Fritz Becher, que tanto sofrimento causou aos religiosos. Ao final do julgamento, serão pronunciadas 36 penas de morte por enforcamento, dessas, 28 serão executadas.

OS FRUTOS DE DACHAU

*Se o grão de trigo, caindo na terra,
não morrer, fica ele só;
mas se morrer produz muito fruto.*

(João 12,24)

"Três anos de experiência que nada no mundo me faria desejar não ter vivenciado."[1] A forma com a qual o padre De Coninck sintetiza sua estada em Dachau pode surpreender ou até mesmo chocar. Apesar da intensidade dos sofrimentos suportados, esse discurso é recorrente nos testemunhos de vários sacerdotes que passaram pelo campo. A experiência dos campos de concentração trouxe muitos frutos, dentre os quais quatro se destacam: a importância da unidade eclesiástica, a preocupação com o ecumenismo, a urgência do apostolado e a luta pela dignidade do ser humano.

"UNA, CATÓLICA E APOSTÓLICA"

A prisão no campo de concentração permite aos religiosos consolidar sua consciência de unidade e de força da Igreja. O desamparo do campo varre qualquer traço de catolicismo sociológico para dar liberdade a um catolicismo de convicção, capaz de "forte ação coletiva".[2] A multiplicidade de nações, congregações e perfis representados nos pavilhões dos sacerdotes causa impacto nos recém-chegados. "Aqui estou, registrado no quarto 4. Nele há mais de 400 sacerdotes, de 25 nações diferentes", recorda o abade René Fraysse. "À mesa, meu vizinho [...] é o arquimandrita de Corinto; à minha esquerda, um tcheco. Atrás de mim, a mesa dos sacerdotes poloneses. À minha frente, a dos italianos, dentre eles, o '*Canonico*', cônego da catedral de Turim [...]. Há holandeses, sérvios, croatas, todas as ordens religiosas, todas as liturgias."[3] Monsenhor Piguet também fica maravilhado com a diversidade clerical e oferece uma contagem mais precisa: "em 1944-1945 estavam representados em Dachau 56 dioceses da França, 33 da Alemanha, 20 da Polônia, 12 da Itália, 6 da Tchecoslováquia, 5 da Bélgica, 5 da Holanda, 2 da Eslovênia, 2 da Croácia, 1 da Romênia e 1 de Luxemburgo. Havia 45 ordens religiosas, dentre elas grandes ordens, como os jesuítas, os filhos de São Bento, de São Domingos e de São Francisco",[4] observa em suas memórias.[5] "Essa pluralidade ressaltava de maneira impressionante a unidade da fé e da caridade do sacerdócio, a grandeza única do esplendor da Igreja Católica."[6]

Apesar das necessidades imediatas, ditadas pelo imperativo de sobrevivência, das barreiras linguísticas e culturais e das inúmeras proibições instituídas pelos ss e pelos *Kapos*, os sacerdotes de Dachau se empenham em manter ou reproduzir os princípios da organização eclesiástica. Os dois bispos que são deportados para lá, Monsenhor Kozal e depois Monsenhor Piguet, desfrutam, dessa forma, de uma autoridade natural conferida por sua posição hierárquica. Fato excepcional na história da Igreja: a pedido dos sacerdotes, o campo de Dachau é oficialmente declarado uma forania por uma decisão oficial do cardeal Von Faulhaber, datada de 12 de novembro de 1944. O padre Schelling, que já desempenha a função de capelão de forma não oficial, é colocado em sua liderança e o comando do campo é devidamente informado dessa nomeação.[7] Os membros das congregações se empenham em recriar os princípios de organização que prevalecem em suas comunidades, como atesta o caso dos jesuítas. O padre De Coninck assume a responsabilidade pela direção espiritual dos sacerdotes do campo e permanece fiel aos princípios de Santo Inácio de Loyola: "Nos parecia [...] que era necessário criar uma relação hierárquica entre nós para que houvesse um responsável pela conservação do ideal de ordem. Essa nomeação do superior também nos veio pela via clandestina e nós vivemos, dali em diante, uma verdadeira vida de comunidade."[8] A organização piramidal permanece ativa nas circunstâncias mais difíceis, como ilustra o caso do cônego Daguzan, uma das figuras proeminentes do clero de Dachau, encarregado de selecionar os voluntários que se enclausuram com os portadores de tifo durante o inverno 1944-1945.[9] "Para serem livres, [eles] querem que sua abordagem não seja somente o conjunto iniciativas individuais, pessoais, uma generosidade de momento. Eles só podem conceber a superação recebendo essa missão em conjunto", interpreta o padre Sommet.[10] Nesse sentido, manter todos os níveis de princípios hierárquicos constitui uma grande segurança moral para os prisioneiros, pois impõe um espírito de comunidade e permite a regulação de conflitos inevitáveis.

O CALENDÁRIO DA IGREJA

Os sacerdotes que estão presos se esforçam para seguir o calendário universal da Igreja Católica sempre que conseguem arranjar alguns momentos de tempo livre e sempre que o abrandamento da vigilância dos guardas lhes permite. As festas de Natal e de Páscoa são alvo de preparação espiritual e litúrgica intensas, mas as datas menos importantes tampouco são esquecidas. Os sacerdotes fazem questão de celebrar a festa do padroeiro de seus confrades logo que ela ocorre e as missas de réquiem são celebradas na ocasião de cada falecimento. As escrituras sagradas e os breviários também são lidos o mais regularmente possível, sempre que se tem acesso às obras. Os principais encarregados dos sacerdotes, como o padre Schelling, capelão e decano, o padre De Coninck, diretor espiritual, e o Monsenhor Piguet impõem formações e exercícios espirituais exigentes. Para além da missa cotidiana, os sacerdotes garantem que sejam seguidos os ofícios do dia, em particular as Vésperas e as Completas. O mês de maio, chamado de "mês de Maria", é ocasião para meditação do rosário mais intensa do que o usual. Após uma longa dominação da língua alemã, o latim se impõe pouco a pouco nas grandes ocasiões e permite fortalecer os laços que unem os eclesiásticos.[11] Conferências, retiros e reuniões de leituras são organizados para toda a comunidade sacerdotal ou para grupos separados por nacionalidades. Ao longo dos últimos meses de existência do campo, as sessões de conversa ocorriam às quartas e aos domingos à tarde, e versavam sobre assuntos dos mais variados: desde questões teológicas, dogmáticas ou morais das mais profundas às questões mais contemporâneas da pastoral. Surgem oradores de qualidade. Um dos mais notáveis é o padre De Coninck. "Todas as noites ele dizia uma breve exortação em latim. Era cheio de espírito religioso, por vezes temperado com um pouco de humor – mas que latim fluido, agradável e aparentemente fácil, entendido por todos! O único problema era que o bom padre tinha a circunferência de um navio de guerra e invadia um pouco meu espaço de dormir, mas faz parte!", recorda o padre Grégoire Joannatey.[12]

O padre palotino Josef Kentenich pertence ao grupo de alemães mais brilhantes. Entre os franceses, as falas do padre Riquet e do padre Morelli se destacam.[13] O Monsenhor Piguet, por sua vez, garante a instrução dos seminaristas franceses, o mais novo dentre eles, Pierre Metzger, de 18 anos. Com a ajuda do cônego Daguzan, ele organiza sessões de aulas voltadas a eles aos sábados à tarde. "Essa organização flexível permitia [...] manter desperta a atenção de nossos jovens e impedir de alguma forma o adormecimento total de suas faculdades intelectuais."[14] A disciplina espiritual e intelectual imposta nos pavilhões dos sacerdotes permite aos presos manter firme sua dignidade apesar das circunstâncias. Para muitos deles, ela lhes permite também redescobrir a Igreja, "sociedade de gratidão e impotência."[15] "Lá nós ganhamos uma consciência mais clara de nosso sacerdócio, das riquezas de nossa Igreja, das possibilidades de nossa Igreja", sintetiza o padre De Coninck.[16]

O BERÇO DO ECUMENISMO

O ecumenismo deixa marcas em grande parte dos sacerdotes, de tal modo que alguns consideram que ele teve origem no campo. "Dachau foi, por desígnio da Providência, o berço do ecumenismo plenamente vivenciado. Nunca antes na história do povo de Deus se viram tantos sacerdotes, seculares e regulares de todas as confissões cristãs, reunidos em uma comunidade de vida e de miséria, quanto durante o grande testemunho de Dachau", estima o padre Münch.[17] Embora os sacerdotes católicos representem quase 95% dos religiosos presos em Dachau, eles convivem com mais de 100 pastores protestantes – dentre eles o célebre Martin Niemöller, prisioneiro no *bunker* de honra – cerca de 20 sacerdotes da Igreja Ortodoxa, alguns representantes dos mariavitas e mesmo dois religiosos muçulmanos de origem albanesa. Estes últimos, Salli Bilan e Xhenali Stafa, são designados para um transporte de inválidos em janeiro de 1944, após um curto período em Dachau.[18] A capela do pavilhão 26 é aberta a todos os cultos, e relações fraternais se instauram entre os diferentes ministros, como atesta a presença amigável e cheia de oração de muitos pastores na ordenação de Karl Leisner. A Semana de Oração pela Unidade dos Cristãos, que ocorre anualmente em tempos de paz, mas também durante a guerra, toma um sentido particular em Dachau. Na semana de 18 a 25 de janeiro de 1945, muitas conferências são organizadas para expandir a cultura dos sacerdotes católicos às dimensões desconhecidas de outras confissões cristãs. No dia 19, os sacerdotes trabalham com a liturgia ortodoxa grega das Vésperas. No dia 20, com a liturgia de São João Crisóstomo, celebrada no rito bizantino. No dia 23, o pastor suíço Amy Bornand faz uma apresentação sobre o protestantismo francês que impressiona a audiência.[19] Desse modo, Dachau torna-se um laboratório de diálogo ecumênico, convocado a renovar energias na ocasião do Concílio Vaticano II, em 1961.

> Em Dachau, estávamos unidos fraternalmente no sopro do Espírito Santo, fortalecidos em Cristo e servindo a Ele atrás das torres de vigia, das cercas elétricas e do arame farpado. Nós buscávamos a unidade em nossas discussões e diálogos [...]. Na autêntica fraternidade e na oração comum, nós construímos os marcos das novas relações entre as diferentes Igrejas [...]. Os sacerdotes de Dachau e os cristãos leigos levaram consigo, para suas igrejas e suas famílias, o acontecimento de unidade vivenciado.[20]

UM NOVO APOSTOLADO

Um terceiro fruto da experiência de Dachau é a reflexão intensa sobre novas problemáticas do apostolado. Os sacerdotes convivem com indivíduos pouco familiarizados com as igrejas, prisioneiros comunistas que vivem em ambientes operários às vezes muito descristianizados. Diálogos surgem, laços de amizade são formados. Eles convidam os religiosos a repensar sua maneira de anunciar o Evangelho ao mundo, pois muitos estão convencidos de uma coisa: apenas a instauração de uma ordem autenticamente cristã permitirá evitar que ocorra novamente a catástrofe do nazismo ou que surjam novos regimes totalitaristas, tanto de direita quanto de esquerda. Na introdução de suas memórias, o Monsenhor Piguet justifica seu testemunho com seu desejo de contribuir "para a defesa da vida cristã [e] para sustentar as forças espirituais indispensáveis a uma renovação e a uma reconstrução do mundo".[21] Mais apaixonado, o padre René Fraysse confidencia os "grandes sonhos do apostolado" que ele compartilhava com quatro companheiros de Dachau. "A ordem social corrompida e desumana do pré-guerra será substituída por uma ordem mais fraternal, mais cristã. Discutem-se as últimas encíclicas, a desproletarização, a revisão do direito de propriedade, a supressão do proletariado", recorda-se ele com um tom quase revolucionário.[22] Menos exaltado, mas igualmente esperançoso, o padre Joannatey compartilha desse entusiasmo: "Há seculares, regulares, párocos, vigários, sem contar os cônegos. Esse conjunto, renitente, repleto de vida, constrói um projeto de uma Igreja melhor – mais universal, com fronteiras abertas".[23]

A implementação de novos princípios e métodos de apostolado já havia plantado uma semente no espírito de muitos sacerdotes deportados a Dachau, em especial nos franceses, frequentemente implicados nos movimentos da Ação Católica, assegurando a capelania clandestina junto aos trabalhadores enviados à Alemanha pelo programa do STO. "Se nós, sacerdotes, não tomarmos partido nos problemas da classe trabalhadora, ela nos recriminará mais tarde de tê-la abandonado e nós não compreenderemos mais esses jovens trabalhadores", teria dessa forma confidenciado o padre Victor Dillard algum tempo depois de ter se voluntariado.[24] Em Dachau, esses assuntos provocam mudanças profundas. O livro *France, terre de mission*

(*França, terra de missão*), publicado em 1943 pelos abades Henri Godin e Yvan Daniel, é estudado nas conferências organizadas nos pavilhões dos sacerdotes. Trabalha-se também com os artigos do jesuíta Yves de Montcheuil,[25] figura de destaque dos *Cahiers du Témoignage Chrétien*, fuzilado no maciço de Vercors na madrugada de 10 de agosto de 1944. Pouco após sua libertação, o padre De Coninck, fortalecido por essa experiência, publica na *Nouvelle Revue Théologique* um longo artigo sobre as novas problemáticas do apostolado intitulado "As discussões de Dachau". Nele, o ex-diretor espiritual de Dachau insiste nos pilares sobre os quais devem trabalhar os sacerdotes: uma vida interior intensa, estudo permanente dos conhecimentos da doutrina, manutenção das qualidades humanas intuitivas. Mas, acima de tudo, o padre De Coninck clama que se deixem as sacristias e que se saia às ruas: "o que o mundo sem Deus precisa é de almas que mergulhem fundo nesse mundo, se mostrem e se integrem a ele intimamente, mas sempre repletas de Deus".[26]

O ESPÍRITO MISSIONÁRIO

A aplicação das instituições e experiências começa pouco após a libertação do campo. O percurso dos sacerdotes-operários é uma das formas mais conhecidas. Outros eclesiásticos permanecem atraídos pela pregação do Evangelho além das fronteiras da Europa, como o padre Morelli, que atua por muitos anos no México, onde sua afinidade com a teologia da libertação e seu interesse pela "leitura materialista da Bíblia" lhe trarão sérios problemas com a hierarquia. Alain Van Gaver, seminarista das Missões Estrangeiras de Paris, retoma seus estudos após sua libertação. Ordenado em 1947, ele viaja à China no ano seguinte. Lá, é preso pelos comunistas e só é solto em maio de 1952. Em seguida ele exercerá o sacerdócio na Tailândia.[27] Nomeado bispo em 1957, o sacerdote marista Pierre Martin volta à diocese de Numeá, na Nova Caledônia.[28]

A experiência do campo de concentração conduz também a formas de apostolado mais espirituais. A Comunidade dos Irmãos de Maria, a Obra das Famílias de Schoenstatt e o Movimento Apostólico Internacional de Schoenstatt, fundados sob os muros de Dachau pelo padre Kentenich, terão expansão internacional considerável apesar das reticências iniciais que ele teve de enfrentar na hierarquia eclesiástica. O papa Paulo VI recuperará definitivamente as obras do padre Kentenich em 1965, três anos antes da morte deste último. Por fim, é preciso mencionar uma última forma de apostolado: a maneira silenciosa com a qual vários sacerdotes aprisionados em Dachau voltaram à sua posição atrás da cortina de ferro para testemunhar sua fé e seu sacerdócio cotidiano. Os poloneses constituem o maior contingente, mas o exemplo mais impressionante é o do tcheco Josef Beran. Nomeado arcebispo de Praga em 1946, após três anos de prisão em Dachau, ele é preso pelas autoridades comunistas em 1949 e fica detido até 1963, ano em que é exilado em Roma, onde morre em 1969 após ter recebido o título de cardeal pelo papa Paulo VI.

O RESPEITO PELA VIDA E PELO SER HUMANO

A quarta lição retirada da prisão pelos sacerdotes de Dachau é o reconhecimento da inalienabilidade do ser humano. O engajamento dos sacerdotes alemães contra o discurso de eutanásia do nazismo atesta uma preocupação antiga, anterior à experiência do campo de concentração. Mas a luta de vários sacerdotes europeus na resistência nasce desse desejo de preservar a dignidade humana em qualquer circunstância, como sugere, por exemplo, o tom dos artigos publicados nos *Cahiers de Témoignage Chrétien* na França, copiados ou distribuídos clandestinamente por muitos religiosos, futuros deportados. "Toda a luta do padre Beauvais só tem sentido sob a perspectiva do destino do homem e de sua elevada dignidade, que ele mantém graças a Deus", lembra seu amigo, o abade Grimaud, que celebra as exéquias do ex-agente da Rede Cometa em junho de 1977.[29] Em Dachau, essa instituição é consolidada e se torna uma dimensão prioritária do engajamento sacerdotal. A redução dos prisioneiros a matrículas, de moribundos a ferramentas obsoletas e de cadáveres a resíduos destinados à incineração consolida ou propicia essa tomada de consciência. O padre Jacques Sommet, profundamente comovido pelo exemplo de seus colegas, que decidiram se isolar com os moribundos de tifo que desvaneciam em completo abandono, e pelas pilhas de cadáveres diante dos crematórios lotados, é uma das pessoas que mais refletiram sobre o assunto. "A fidelidade ao Deus incompreensível e fraternal naqueles que se entregam ao serviço nos pavilhões do tifo, só pode me levar a uma nova fidelidade, a fidelidade aos homens da vala comum", observa.[30] A "fidelidade aos homens da vala comum" se traduz de múltiplas formas nos sobreviventes de Dachau. O testemunho, frequentemente difícil e doloroso, é um reflexo essencial dessa questão e não faltam exemplos, como indica a longa lista de livros, artigos e conferências dos sacerdotes presos no campo. O engajamento ativo em múltiplos movimentos internacionais seguidamente nasce da experiência dos campos de concentração. Os sobreviventes de Dachau são tomados pela preocupação de não medir esforços para preservar, dali em diante, não só a paz entre Estados, mas também a paz dentro das nações dilaceradas pela guerra.

Essa questão é central na homilia feita pelo padre Riquet em 7 de julho de 1945 na colina de Chaillot, em frente à Torre Eiffel, na ocasião da missa de retorno dos deportados, prisioneiros de guerra e trabalhadores do STO. O Monsenhor Bruno de Solages, reitor do Instituto Católico de Toulouse, deportado a Neuengamme por sua atuação em favor dos judeus, teria sido o responsável pela pregação, mas não pode participar. É então o jesuíta parisiense que toma a palavra naquele dia, ainda muito magro, vestido com o uniforme listrado dos deportados.

Lembrem-se, meus camaradas, de nossa amizade de lá, dessa extraordinária solidariedade fraternal, do pedaço de pão que, morrendo de fome, dividíamos com nossos companheiros de miséria, do último torrão de açúcar que sacrificávamos por um moribundo, do sorriso com que encorajávamos nossos companheiros para que seu trabalho não fosse difícil [...]. Mas me digam uma coisa, o campo de concentração, os guardas cruéis, a Gestapo, todas essas coisas seriam indispensáveis para que aprendêssemos a nos amar entre franceses, entre cristãos? O essencial de nosso cristianismo não é o amor que temos uns pelos outros? [...] Pelo amor de Deus, não deixemos para amanhã! Hoje e agora, ali, na rua, na fábrica, no escritório, na família, na vida cotidiana, em nome de todos os mortos que nos olham e nos aguardam, em nome de Cristo, eu lhes suplico: "Amemos uns aos outros".

Esse trecho eloquente lhe concederia a atribuição das conferências de Quaresma em Notre-Dame pelo cardeal Suhard.[31]

O engajamento dos sacerdotes deportados em favor da paz mundial se concretiza no movimento Pax Christi, fundado em 1945 pelo bispo de Montauban, Monsenhor Théas, e ao qual aderem desde o princípio os sacerdotes de Dachau, em especial os alemães.[32] Esse movimento, atualmente ainda ativo, continua intervindo em diferentes zonas de conflito no mundo. Além da defesa da paz e das populações ameaçadas, os ex-prisioneiros de Dachau também advogam em defesa dos direitos e da dignidade do homem. Alguns atuam em movimentos internacionais de envergadura, como a Anistia Internacional e a Ação dos Cristãos pela Abolição da Tortura (ACAT).[33] Outros, talvez os mesmos, trabalham em favor do desenvolvimento dos cuidados paliativos. A sensibilidade às questões ligadas à defesa da vida em suas fases de maior vulnerabilidade aflora também em muitos testemunhos. "Nem a vida nem a morte podem ser submetidas à hegemonia da tecnologia ou privadas de suas características puramente humanas",[34] afirma Kazimierz Majdanski –

futuramente figura de destaque do Conselho Pontifício para a Família – a fim de preservar "uma ordem social justa, cujo princípio fundamental é a inviolabilidade do homem em seu direito sagrado à vida, desde sua concepção no ventre materno até sua morte natural".[35]

A diversidade dos engajamentos religiosos após Dachau, dos mais progressistas aos mais tradicionais, por vezes coincide com as divergências que causarão fraturas na Igreja até os anos 1990 e cujas cicatrizes são ainda visíveis. No entanto, mesmo que as divergências às vezes gerem debates amargos, é surpreendente constatar como o sofrimento compartilhado em Dachau preserva os sacerdotes de cruéis rupturas a despeito de suas escolhas antagônicas. Os reencontros internacionais, as peregrinações, as cerimônias comemorativas e as inaugurações de santuários[36] durante o pós-guerra continuam atraindo os ex-prisioneiros vindos de todos os horizontes, unidos por sua fé e pela vida que compartilharam nos pavilhões dos sacerdotes.

TESTEMUNHAS E BEM-AVENTURADOS

Não te deixes vencer pelo mal, mas vence o mal com o bem.

(Romanos 12,21)

O ditado segundo o qual "o deportado é o pior inimigo do deportado"[1] é resultado do sistema perverso dos campos de concentração. A arbitrariedade absoluta do poder ss e a autogestão parcial dos prisioneiros são duas pedras que trituram os indivíduos, tanto do ponto de vista físico quanto moral. Nessa configuração, regulada pelas leis da força bruta, do egoísmo calculista e de comprometimentos não naturais, aqueles que permanecem íntegros dispõem com frequência de uma forte estrutura interna e de um senso de solidariedade acima da média. Partilhar uma casca de pão duro ou uma raspa de sopa é um ato excepcional no universo do campo de concentração. Nessas circunstâncias, os sacerdotes de Dachau – teoricamente moldados pelos princípios dos dez mandamentos e do amor evangélico – estavam mais ou menos aptos que seus companheiros de prisão para resistir às condições do campo de concentração?

DIANTE DA DESUMANIZAÇÃO

Em cada uma das categorias dos prisioneiros há personalidades que mostram sua capacidade de preservar sua dignidade e resistir ao projeto de desumanização dos ss. Sem a intenção de generalizar a identidade sacerdotal, nos parece, no entanto, que os sacerdotes de Dachau de maneira geral resistiram melhor do que outros ao choque da experiência do campo e souberam preservar melhor sua integridade psicológica. Essa constatação não tem a intenção de ocultar ou relativizar comportamentos admiráveis, individuais ou coletivos, observados em outros grupos que tiram partido dos recursos internos – desde uma abordagem de vida baseada no estoicismo até fortes disposições à amizade e à solidariedade, sejam elas naturais ou desenvolvidas – que se desviam da abordagem cristã da desgraça e do sofrimento. O psicólogo Bruno Bettelheim, preso em Dachau e posteriormente em Buchenwald de 1938 a 1939, destaca o comportamento notável das Testemunhas de Jeová: "não só eles demonstravam uma dignidade e um comportamento moral excepcionais, como também pareciam protegidos contra a influência do ambiente do campo de concentração", observa.[2]

HUMANOS COMO TODOS OS OUTROS

Os 2.579 eclesiásticos católicos – sacerdotes, religiosos e seminaristas – não foram todos heróis ou santos e demonstraram, com suas falhas, sua humanidade intrínseca. Explosões de raiva, comportamentos autoritários, alguns raros casos de roubo de pão – o pior crime do campo de concentração – são constatados esporadicamente. A convivência nos pavilhões superlotados cria tensões inevitáveis, amplificadas pelo caráter por vezes independente dos sacerdotes. Rivalidades nacionais persistem às vezes e julgamentos privados podem se dirigir de forma não expressa aos sacerdotes alemães, considerados disciplinados demais e fechados em si mesmos[3] ou aos sacerdotes poloneses, divididos em dois grupos conforme sua origem social: aristocrática ou mais humilde.[4] Os desvios são às vezes muito graves, como de 1940 a 1942, quando alguns sacerdotes se prestam ao jogo do opressor, "esquecem sua dignidade sacerdotal e se tornam os ajudantes de vários perseguidores de religiosos".[5] Nas relações com os leigos, seu comportamento nem sempre é impecável. O espetáculo em que alguns sacerdotes expulsam a socos e chutes os prisioneiros que desejavam assistir à missa na capela do pavilhão 26 deixa lembranças dolorosas,[6] apesar das justificativas circunstanciais alegadas pelos decanos. Está comprovado que sacerdócio não transforma os homens em santos. É plausível supor que os religiosos de Dachau, através de seus testemunhos posteriores, destacaram os comportamentos nobres e atenuaram as inevitáveis fraquezas de seus colegas. No entanto, de maneira geral, essa categoria de prisioneiros parece ter demonstrado uma grande resistência, e o julgamento severo do padre Kammerer – "*Homo homini lupus, sacerdos sacerdoti luppissimus*"[7] ("O homem é o lobo do homem, e o sacerdote é ainda mais o lobo do sacerdote") – é raro, para não dizer único, na literatura dedicada aos sacerdotes de Dachau. O padre De Coninck, cujos esforços foram essenciais na unidade sacerdotal em Dachau, protesta contra esse tipo de alegação. "Ouvi dizer muitas vezes que um sacerdote teria dito que o clero em Dachau tinha sido pouco exemplar [...]. É simplesmente uma calúnia, contra a qual insisto em protestar com todas as minhas forças", escreve ele.[8] A conhecida jornalista americana Dorothy Thompson, que entrevistara Hitler em 1931, teria registrado em uma pesquisa sobre o comportamento dos deportados de Dachau a seguinte constatação, estabelecida ao longo de entrevistas com os sobreviventes:

> Em meio ao inferno que era a vida em Dachau, tão privada de humanidade, brutal e humilhante, quem conservou por mais tempo sua própria humanidade e a mente sã? Que pessoas, deixando de lado sua própria miséria e suas próprias humilhações, serviram outros homens que sofriam nesse sistema diabólico? [...] Há apenas uma resposta, sempre a mesma: "os padres católicos".[9]

O padre Jean Bernard relata que seu compatriota belga, o jornalista Frantz Clement – com origens no catolicismo social, transitando em seguida pelo liberalismo e pela francomaçonaria – tinha louvado o comportamento dos religiosos de Dachau: "vamos esquecer o que foi dito. Os que têm a melhor conduta são vocês, os padrecos", ele teria afirmado algumas semanas antes de morrer.[10] A fé e o sacerdócio explicam essa especificidade, encontrada também no culto judaico? Primo Levi tinha sido surpreendido por um rabino da Galícia preso com ele em Auschwitz: "Como explicar essa impressionante vitalidade que irrompe de seu olhar e de sua voz e que lhe permite passar noites inteiras discutindo nebulosas questões talmúdicas em iídiche e em hebraico com Mendi, o rabino modernista?"[11] Essa questão se coloca da mesma maneira para os religiosos de Dachau, cuja propensão intelectual à discussão teológica ou à exegese não poderia servir inteiramente como justificativa. De acordo com Bruno Bettelheim, é a combinação de muitos fatores que deve ser levada em conta. "Uma personalidade íntegra e de fortes convicções internas, alimentadas por relações humanas satisfatórias, é a melhor proteção contra a opressão, mas [...] o indivíduo pode também se defender pela compreensão intelectual dos acontecimentos", observa.[12] Os sacerdotes podem corresponder a essas condições e disposições mais do que outros graças a seu nível de educação, seu agrupamento em pavilhões homogêneos e sua fé.

O SOCORRO DA VIDA ESPIRITUAL

Três recursos internos emergem dos diferentes relatos dos sobreviventes: a disposição permanente para a oração, a capacidade de abandono e o propósito de sacrifício. Nas circunstâncias mais difíceis, a oração se mostra um apoio essencial. Trancado durante três meses e meio na "gaiola de galinha", uma cela de uma prisão de Frankfurt, onde mal cabia um homem, propícia a crises de loucura, o abade Fraysse acredita que só conseguiu aguentar graças à oração. "Eu me senti grato por ser um sacerdote, por ter o pensamento de Deus e por meus exercícios de piedade", recorda.[13] Quando serve de cobaia nas experiências com o fleimão e suporta sofrimentos atrozes, Kazimierz Majdanski observa: "nenhum desespero, já que havia Deus. O pedido de oração, que sempre senti, era mais forte que as intervenções de incisão".[14] No pavilhão dos sacerdotes poloneses, muitos deles – sobretudo os jovens – participam de uma "santa conspiração", que consiste no esforço de viver as virtudes cristãs e na oração à Virgem todas as noites em comunhão, às 21h.[15]

O abandono – não a capitulação, mas o ato de Cristo de aceitar sua Paixão na narrativa evangélica – é o segundo pilar sobre o qual se apoiam os religiosos. Essa dimensão é encontrada no testemunho do padre Sommet, segundo quem a morte, mesmo em Dachau, consiste em "deixar que Deus termine aquilo que Ele começou".[16] Essa abordagem da morte baseada na fé é também uma maneira de "reumanizá-la" no ambiente desumano do campo de concentração. Os relatos das etapas da morte do Monsenhor Kozal, comparadas às "estações da via-crúcis"[17] refletem também o abandono extremo que demonstra o bispo polonês, que permanece correto, caridoso e centrado até o instante final.

O terceiro recurso específico dos padres é a capacidade de dar sentido ao sofrimento oferecendo-o como sacrifício para fins variados. O padre Joseph Bechtel, morto em 12 de agosto de 1942, "afirmava que em meio ao pior sofrimento, ele se entregava à vontade de Deus, que só podia ser bom, e que ele oferecia seu sofrimento para seus paroquianos, em completa alegria interior".[18] Na hora de sua morte, ocorrida em 28 de julho de 1942, Czeslaw Domachowski, pároco de Samarzem, na Polônia, pede a Kazimierz Majdanski: "suplico-lhe que informe meus paroquianos que ofereci minha vida por eles".[19] No dia seguinte à morte do abade Pierre de Porcaro, na missa de réquiem, o padre Grégoire Joannatey – que tinha formado fortes laços de amizade com ele no pavilhão de quarentena – declara em sua homilia que "ele tinha feito espontaneamente o sacrifício de sua vida por seus confrades no ministério".[20]

SOCORRO SOBRENATURAL?

Além dos recursos psicológicos e espirituais aos quais recorrem os sacerdotes de Dachau, há por fim a questão do auxílio sobrenatural que pode ter sucedido no campo. Embora essa questão escape do contexto do estudo histórico, ela merece, contudo, ser exposta, na medida em que é evocada pelas próprias testemunhas. Primo Levi, ainda que ateu, se refere a ela, chamando de "sorte" o que outros, crentes, nomearão "Providência": "sobreviver sem ter renunciado a seu próprio senso moral, sem intervenções poderosas e diretas da sorte, é algo concedido apenas a um pequeno número de seres superiores, da laia dos santos e mártires", observa.[21] A convicção de estar sendo socorrido pela misericórdia divina transparece em inúmeros testemunhos, mesmo entre os sacerdotes menos místicos de Dachau. Durante uma conversa nos corredores do campo, o padre Morelli afirma categoricamente a Bernard Py, jovem leigo que recebia dele direção espiritual: "o que te sustenta é a graça que Deus te envia nesse momento presente".[22] A intenção aqui não é fazer uma reflexão sobre a influência da Graça, mas é impressionante constatar que, ao invés de revoltar a maioria dos sacerdotes, religiosos e seminaristas contra Deus, o horror de Dachau se torna, ao contrário, superável graças à sua fé Nele, mesmo se questões, e até mesmo dúvidas, surjam inevitavelmente. "Dois milênios de civilização cristã... para chegar nisso. Faz-nos questionar se o sangue de um Deus não foi derramado em vão; e o demônio, o 'príncipe deste mundo' não é na realidade o grande vencedor, se o pecado não vai, em uma onda imensa, inundar a humanidade", se questiona o padre Morelli, dois anos após sua libertação, antes de confessar ter vivido em Dachau "as mais belas horas de sua vida apostólica".[23] O Deus que permite que se faça, retomando o questionamento do filósofo Hans Jonas,[24] é o mesmo que ampara e consola. "Desde Dachau, acredito vivamente, mesmo violentamente, na graça e no amor de Deus. Evidentemente, essa fé supõe a fé em uma vida eterna, mas não há nenhuma outra solução satisfatória para o problema do mal e do sofrimento", conta ainda o padre Morelli.[25] "A desgraça realmente está no centro do cristianismo, enquanto a face negativa do mandamento do amor e como uma propedêutica do mistério da Cruz e da beleza do mundo", destaca em contrapartida um ensaísta contemporâneo, Jacques Julliard.[26] A convicção de estar acompanhado por Deus em meio a seu sofrimento reside em muitos religiosos de Dachau e permite a alguns apresentar uma espécie de confiança, se não de serenidade. A homenagem que o padre Edmond Cleton, da diocese de Lille, faz ao padre de Porcaro, morto em 12 de março de 1945 nos braços do abade Beauvais, é uma prova disso:

> O abade Porcaro, uma das pessoas mais capazes; o mais alegre, o mais sereno dentre nós. Ele se une ao padre Dillard, o primeiro a ser libertado de Dachau. Ambos praticantes do sacrifício, testemunhas de Cristo em meio aos exilados, amados por todos. Eles nos deixam na tristeza humana, mas na esperança do céu.[27]

VULNERABILIDADE E SANTIDADE

Embora usufruam dos recursos de sua fé para superar os sofrimentos do campo, os religiosos de Dachau não são todos místicos e muito menos pessoas iluminadas. Como todos os seus companheiros, eles temem a fome, o frio, as agressões, os transportes de inválidos e experienciam o abatimento, a solidão e o medo. Eles choram e estremecem. Edmond Michelet relata um episódio inesperado envolvendo Monsenhor Piguet, surpreendido por um ss enquanto conversava na hora da chamada.

> O ss [...] deu uma bofetada no tagarela, que reagiu com um rio de lágrimas nervosas, enxugadas rapidamente por ele com o verso de sua manga. Ao entrar no pavilhão, após as filas se dispersarem, ele veio até mim, segurou meu braço e sussurrou no meu ouvido: "perdi a dignidade agora há pouco, quando me deixei chorar daquele modo, como uma criança".[28]

Alguns saem do campo de concentração despedaçados pela experiência, outros são assombrados até o final pelo trauma da deportação, como o padre Robert Beauvais, religioso que durante o dia era animado e audacioso, apaixonado por navegação e automobilismo, por toda a tecnologia moderna, mas que à noite caminhava pelas ruas de Paris rezando o rosário para escapar de seus pesadelos.[29]

Nessa coorte dos religiosos de Dachau, a Igreja identificou figuras excepcionais, que se juntaram ao martirológio como mártires e bem-aventurados. Cinquenta e seis eclesiásticos mortos em Dachau foram beatificados após um processo comprovando a prática de virtudes naturais e cristãs – de maneira exemplar e heroica –, bem como um milagre obtido graças à sua intervenção. O atavismo nacional está presente nesse procedimento, já que João Paulo II beatificou muitos padres poloneses, enquanto Bento XVI homenageou seus confrades alemães. Monsenhor Michal Kozal é o primeiro eclesiástico polonês de Dachau a tornar-se alvo de veneração católica após sua beatificação, ocorrida em 14 de junho de 1987 durante a solenidade de encerramento do congresso eucarístico. A cerimônia, que ocorre em Varsóvia, é presidida por João Paulo II. "O bem-aventurado bispo Kozal nos inspira a comportar-nos de maneira digna de nossa vocação humana e cristã, como filhos e filhas dessa terra, dessa pátria da qual ele foi filho", declarou o papa polonês 12 anos depois, em 14 de junho de 1999. Essas palavras, proferidas em Lowicz, ocorrem na ocasião de uma visita pastoral à Polônia que durou 12 dias, momento em que o papa procede a novas beatificações. Em 7 de junho de 1999, o padre Stefan Wincenty Frelichowski, vigário de Torun, entra para a lista de bem-aventurados. Morto no campo de concentração em 23 de fevereiro de 1945, ele tinha contraído tifo confessando doentes nos pavilhões de quarentena. "Ele deu sua vida sacerdotal a Deus e aos homens, levando paz às vítimas da guerra. Compartilhava generosamente a paz com os outros, pois sua alma retirava sua força da paz de Cristo. E foi uma força tão grande que nem mesmo a morte pelo martírio conseguiu destruir", diz o Santo Padre em sua homília. Em 13 de junho, em Varsóvia, João Paulo II procede em seguida à beatificação de 108 mártires da fé poloneses, vítimas do nazismo, dentre os quais constam 45 sacerdotes e seminaristas mortos em Dachau.

Embora o papa Karol Wojtyla, ao beatificar 47 sacerdotes e seminaristas poloneses, manifeste uma preocupação particular com seus compatriotas, que sofreram as perseguições mais violentas de Dachau, honra também 4 figuras não polonesas durante seu pontificado. O primeiro bem-aventurado de Dachau, aliás, não é polonês. Titus Brandsma, holandês, é beatificado em 3 de novembro de 1985, tornando-se assim o primeiro bem-aventurado do campo. "Ele mostrou sua dimensão interior no desamparo e na degradação física; no sofrimento, ele estava ligado a Cristo. Sua solidariedade com os outros prisioneiros, sua fé vivida fornecem luz e esperança na cisão causada pela crueldade e desumanidade do campo", declara João Paulo II aos peregrinos que vêm assistir à cerimônia. O Sumo Pontífice também almejava prestar homenagem aos alemães. O caso de Karl Leisner[30] e de Bernhard Lichtenberg, morto no caminho para Dachau,[31] beatificados em 23 de junho de 1996 no Estádio Olímpico de Berlim – local memoriável das liturgias nazistas – se revestem de uma forte dimensão simbólica. Isso se dá não apenas porque a nacionalidade alemã dos dois homens é algo significativo, mas também porque o papa escolhe, naquele dia, fazer de Karl Leisner um modelo para a juventude europeia. O austríaco Otto Neururer, por sua vez, preso por muitos meses em Dachau antes de sua transferência a Buchenwald, onde morre em 30 de maio de 1940,[32] torna-se bem-aventurado em 25 de novembro de 1996 em Roma.

Aos 51 primeiros bem-aventurados de Dachau, o papa Bento XVI inclui 4 novas figuras. Diferentemente de seu predecessor, que realizava pessoalmente as cerimônias, ele confia aos bispos a responsabilidade de pronunciar as beatificações. O padre Gerhard Hirschfelder, membro do movimento de Schoenstatt, morto de fome e de pneumonia aos 35 anos em 1º de agosto de 1942, é proclamado bem-aventurado em Münster pelo cardeal Joachim Meisner, arcebispo de Colônia, em 19 de setembro de 2010. No ano seguinte, Georg Häfner, morto em 20 de agosto de 1942, é promovido ao mesmo estatuto em 15 de maio de 2011, em uma missa presidida pelo Monsenhor Friedhelm Hofmann, bispo de Wurtzburgo. Alguns dias antes de sua morte, em uma correspondência endereçada aos pais, o padre Häfner tinha escrito: "não queremos nem condenar um ser humano, nem atacar ninguém, o que queremos é ser bons com todos". Joseph Ratzinger afirma em 13 de junho de 2010, diante do novo embaixador da Alemanha, que vê nesses homens "dois faróis luminosos em nosso caminho ecumênico comum", alusão à proximidade que eles mantinham com os representantes da Igreja Protestante. Menos de dois meses depois, em 13 de junho de 2011, ocorre a canonização do padre Alojs Andritzki, da diocese de Meissen, na Saxônia. Ela é pronunciada pelo cardeal Angelo Amato, prefeito da Congregação para as Causas dos Santos. Morto de tifo em 3 de fevereiro de 1943, aos 28 anos, era ligado ao movimento de Schoenstatt e tinha se empenhado durante todo o tempo de prisão em manter a dignidade de seus colegas pelo estudo e pela oração. Quando jazia em seu leito de morte na enfermaria e pedia a comunhão, um enfermeiro teria respondido: "ele pede Cristo? Pois então vamos aplicar a injeção!". E assim foi feito. A quarta beatificação de um sacerdote de Dachau, ocorrida durante o pontificado de Bento XVI, é a do austríaco Carl Lampert, que tinha mostrado seu apoio ao padre Neururer em 1940 e em seguida se recusado a abandonar o sacerdócio, como lhe ordenavam os homens da Gestapo. Ele foi decapitado em 13 de novembro de 1944.[33] A celebração é realizada em 13 de novembro de 2011 em Dornbirn, sua cidade natal. No mesmo dia, em Roma, ao final do Ângelus, Bento XVI evoca-o, lembrando que "em um interrogatório, que poderia tê-lo libertado, ele testemunhou com convicção: 'amo minha Igreja. Permaneço fiel a minha Igreja e também ao sacerdócio. Estou do lado de Cristo e amo sua Igreja'". Às beatificações dos sacerdotes alemães e austríacos de Dachau realizadas por Bento XVI podemos associar a do Monsenhor Von Galen, que, embora não tenha sofrido com a prisão, esteve diretamente implicado no drama de Dachau. O "Leão de Münster" torna-se bem-aventurado em 9 de outubro de 2005, no mesmo ano da ascensão de Joseph Ratzinger ao Trono de São Pedro.

O papa Francisco também beatificou uma figura de Dachau. Dessa vez, de origem latina: o dominicano italiano Giuseppe Girotti. Professor de teologia formado na Escola Bíblica de Jerusalém, em 1943 ele se envolve em uma rede de apoio aos judeus perseguidos. Preso e deportado a Dachau, morre em 1º de abril de 1945. Em sua cama, que permaneceu vazia, seus companheiros escrevem: "Aqui dormia São Giuseppe Girotti". Homenageado em 1995 como "Justo entre as nações" no memorial Yad Vashem, em Israel, seu decreto de beatificação foi assinado em 27 de março de 2013 pelo papa Francisco, duas semanas após sua eleição. A cerimônia é realizada em 26 de abril de 2014 em Alba, sua cidade natal. Ela é celebrada pelo cardeal Severino Poletto, arcebispo emérito de Turim. "Seu testemunho cristão heroico e seu martírio podem despertar em muitos o desejo de aderir cada vez mais a Jesus e ao Evangelho", declara o papa Francisco na audiência geral de 23 de abril de 2014.

A Congregação para as Causas dos Santos, dicastério que apresenta ao Vaticano os documentos dos santos e bem-aventurados em potencial, não encerrou os trabalhos sobre as figuras religiosas do campo de Dachau. Muitos casos ainda estão sendo estudados.[34] Dentre eles constam dois franceses: o abade Pierre de Porcaro e o padre Victor Dillard. Finalmente, muitos bem-aventurados de Dachau, como Karl Leisner ou Titus Brandsma, cujos processos ainda estão em fase de análise, poderiam ser canonizados e juntar-se a Maximilien Kolbe e Edith Stein dentre os santos dos campos de concentração.

CONCLUSÃO

"E assim enxugará o Senhor Deus as lágrimas de todos os rostos."

(Isaías 25,8)

Dez de novembro de 1975. Tribunal de Munique. Trinta anos após a libertação dos campos, Kazimierz Majdanski se apresenta diante dos magistrados para depor no julgamento do médico ss Heinrich Schütz, um dos principais responsáveis pelas experiências médicas conduzidas nos campos de concentração. O jovem seminarista da diocese de Wloklawek se tornou bispo. Apesar do sofrimento provocado pelo fluxo de lembranças, ele aceita relatar o que padeceu junto com seus companheiros na Estação Experimental Bioquímica: a injeção de exsudato purulento, a dor insuportável, a febre debilitante, os gemidos de seus colegas agonizantes, as incisões bárbaras, as feridas e a ameaça de septicemia, as sequelas e as mortes. Sem floreios, Kazimierz Majdanski não omite nenhum detalhe, cita nomes, indica datas e locais. O relato perturba a audiência. Em um segundo momento, o bispo explicita o estado de espírito em que ele faz seu depoimento. "Eliminei qualquer motivo de raiva ou vingança", explica ele. "Perdoei a todos e manifesto meu perdão no testamento redigido com vistas à minha morte, que pode acontecer a qualquer momento".[1] Essa fala atinge em cheio o carrasco e confere uma nova dimensão ao julgamento, que recebe uma cobertura midiática mínima. Eles atacam o carrasco sem dó nem piedade. O ex-ss, com o olhar baixo, se aproxima do homem que foi sua cobaia e segura a mão dele entre as suas por um longo tempo. "Podemos ainda assim nos olhar nos olhos", lhe diz baixinho o Monsenhor Majdanski.

A experiência dos sacerdotes de Dachau conduz ao mistério do perdão, pois Kazimierz Majdanski não é o único a perdoar seus carrascos. Sem derrogar as exigências da justiça e da memória, muitos religiosos se recusaram a ceder à tentação da vingança e da raiva, elementos ausentes na maioria de seus testemunhos. Assim sendo, talvez seja esse exemplo extremamente heroico da capacidade humana de perdoar um dos frutos mais nobres da experiência dos sacerdotes europeus nos três pavilhões do campo de Dachau.

OS SACERDOTES DE DACHAU: BALANÇO

Nacionalidades	Total	Libertados antes de 1945	Mortos	Transferidos ou exterminados	Libertados em 1945
Alemães	447	208	94	100	45
Poloneses	1.780	78	868	4	830
Franceses	156	5	10	4	137
Tchecoslovacos	109	1	24	10	74
Holandeses	63	10	17	0	36
Belgas	46	1	9	3	33
Italianos	28	0	1	1	26
Luxemburgueses	16	2	6	0	8
Iugoslavos	50	2	4	6	38
Outros	25	7	1	4	13
Total	2.720	314	1.034	132	1.240

Fonte: Johann Neuhaüsler, *Comment était-ce Dachau? Humbles approches de la vérité*, Administração do Monumento Expiatório do Campo de Concentração de Dachau, Dachau, 1980 (5ª ed.).

NOTAS

INTRODUÇÃO

1 O campo de concentração de Oranienburg foi fundado em março de 1933, no centro dessa cidade situada a norte de Berlim, e fechado em julho de 1934. No mês de julho de 1936, um campo muito maior é aberto em Sachsenhausen, na periferia da cidade.
2 Henryk Maria Malak, *Shavelings in the Death Camps, A Polish Priest's Memoir of Imprisonment by the Nazis, 1939-1945*, Jefferson: McFarland, 2012, p. 281.
3 Maximilien Kolbe, em 10 de outubro de 1982, e Edith Stein, em 11 de outubro de 1998. Ela é copadroeira da Europa.

PRIMEIRA PARTE
UM CAMPO PARA OS SACERDOTES

CAPÍTULO "OS PRECURSORES"

1 Por iniciativa de Heinrich Vogeler, o grupo de Worpswede reúne, nessa cidade da Baixa Saxônia, pintores inspirados pelo impressionismo. Rainer Maria Rilke passa uma temporada lá em 1900.
2 Neuhaüsler, *Comment était-ce Dachau? Humbles approches de la vérité*, Administração do Monumento Expiatório do Campo de Concentração de Dachau, Dachau, 1980 (5ª ed.), p. 7. Johann Neuhaüsler, que foi bispo auxiliar de Munique, ficou preso em Dachau de julho de 1941 a abril de 1945.
3 A mudança ocorreu provavelmente em 1939. Até março desse ano, os óbitos registrados no campo são declarados no cartório de Prittlbach. A partir dessa data, o registro será em Dachau.
4 Organização paramilitar criada para defender a República de Weimar contra as ameaças da extrema-esquerda e da extrema-direita.
5 *Münchner Neuesten Nachrichten*, 21 de março de 1933.
6 Em alemão, KZ, acrônimo de *Konzentrationlager*.
7 Eugen Kogon, *L'État* SS. *Le système des camps de concentration allemands*, Paris, Le Seuil, Coll. "Points", réed. 1993, p. 29.
8 Após o assassinato do diplomata alemão Ernst Vom Rath, em 7 de novembro de 1938, em Paris, os nazistas desencadeiam um vasto *pogrom* em toda a Alemanha. Sinagogas e lojas judaicas são vandalizadas e dezenas de milhares de judeus são levados para os campos de concentração. A Noite dos Cristais desencadeia uma grande onda migratória.
9 Thierry Knecht, *Mgr Von Galen, l'évêque qui a défié Hitler*, Paris, Parole et Science, Cahiers de l'école cathédrale, 2007, p. 27.
10 Félix Kreissler, *La prise de conscience de la nation autrichienne. 1938-1945-1978*, Paris, Presses Universitaires de France, 1988, p. 192-195.
11 Johannes Maria Lenz, *Christus in Dachau. Priesterlebnisse in* KZ, Viena, Selbstvertrag, 1956, cap. 2.

217

[12] Ian Kershaw, *Hitler*, Paris, Gallimard, coll. "Folio histoire", 1995, p. 243.
[13] Eike Lossin, *Katholische Geistliche in nazionalsocialistichen Konzentrationlagern*, Ed. Koenigshausen Neumann, 2011, p. 78. Segundo Stanislas Zamecnick, os cinco primeiros sacerdotes que chegaram a Dachau foram os austríacos Franz Wöss, Mathias Spanlang, o Dr. Ohnmacht e o Dr. Hollnsteiner, assim como Georg Schelling (Stanislas Zamecnick, *C'était ça, Dachau (1933-1945)*, Paris, Le Cherche-Midi, 2003, p. 188).
[14] Bedrich Hoffmann, *And Who Will Kill You...*, Pallotinium, réed. 1994, p. 19-20.
[15] *Ibid.*, p. 20.
[16] Jean-Jacques Langendorf, *La SS. Un État dans l'état*, Gollion, Infolio Éditions, coll. "Illico", 2008, p. 68.
[17] Stefan Biskupski, *Un Évêque martyr. Mgr Michal Kozal*, Vanves, Imprimerie Franciscaine Missionnaire, 1946, p. 28-29.
[18] Bedrich Hoffmann, *op. cit.*, p. 41-42.
[19] Mgr. Kazimierz Majdanski, *Miraculé de Dachau*, Paris, Pierre Téqui, 1997, p. 36.

CAPÍTULO "A CENTRALIZAÇÃO"

[1] Os diferentes documentos diplomáticos citados aqui foram reunidos pelo padre Jean Kammerer, que trabalhou nos *Actes et documents du Saint-Siège relatifs à la Seconde Guerre Mondiale*, e nos arquivos reunidos pela *Kommission für Zeitgeschichte*. Eles estão reunidos no anexo de suas memórias pessoais. Jean Kammerer, *La baraque des prêtes à Dachau*, Paris, Brépols, 1995.
[2] Carta do cardeal Maglione ao núncio em Berlim, Orsenigo (216), *Actes et documents du Saint-Siège relatifs à la Seconde Guerre Mondiale*, t. 3. Libreria Editrice Vaticana, 1967, p. 316.
[3] David Schoenbaum, *La Révolution brune. La société allemande sous le IIIe Reich*, Paris, Gallimard, Coll. "Tell", réed. 2000, p. 19.
[4] Nationalsozialistische Deutsche Arbeiterpartei (Partido Nacional-Socialista dos Trabalhadores Alemães).
[5] Jörg L. Spenkuch, Philipp Tillman, "Elite Influence? Religion, Economics, and the Rise of the Nazis", Kellog School of Management, Northwestern University – Department of Economics, University of Chicago, 2014.
[6] Thierry Knecht, *op. cit.*, p. 15.
[7] Decidido pelo chanceler Otto von Bismarck, o *Kulturkampf*, um movimento anticlerical alemão, buscava reduzir a influência dos católicos na sociedade alemã. Várias leis foram votadas a partir de 1871. Centenas de religiosos foram presos ou forçados ao exílio. Em 1878, Bismarck pôs fim ao *Kulturkampf*. Apesar dessa provação, o *Zentrum* saiu reforçado.
[8] Eugenio Pacelli é eleito papa no dia 2 de março de 1939.
[9] Thierry Knecht, *op. cit.*, p. 17.
[10] *Ibid.*, p. 19.
[11] Ian Kershaw, *op. cit.*, p. 121.
[12] *Ibid.*, p. 193.
[13] Citado in Dominique Aubert-Marson, *Histoire de l'eugénisme*, Paris, Ellipses, 2010, p. 255.
[14] Thierry Knecht, *op. cit.*, p. 23-24.
[15] Uma seção completa de um departamento da Gestapo, a seção B1, é dedicada ao "catolicismo político".
[16] O *Index Librorum Prohibitorum* estabelecia a lista das obras cuja leitura era proibida aos católicos pelas autoridades da Santa Sé. Seu primeiro exemplar foi publicado em 1559; foi suprimido por Paulo VI em 1966.
[17] Cf. *infra*, p. 145.
[18] Ralph Rotte, *Die Aussen – une Friedenpolitik des Heiligen Stuhls: eine Einführung*, VS Verlag für Sozialwissenschaften, 2007, p. 184.
[19] Anônimo, *The Persecution of the Catholic Church in the Third Reich. Facts and Documents*, Pelican Publishing Company, 2003, p. 60.
[20] Thierry Knecht, *op. cit.*, p. 26.

[21] Bedrich Hoffmann, *op. cit.*, p. 12.
[22] Joseph Goebbels, *Journal, 1933-1939*, Paris, Taillandier, 2007, p. 409.
[23] François Goldschmitt, *Alsaciens et Lorrains à Dachau*, t. 4: *Le Bon Dieu au K.Z..*, Metz, Ed. Le Lorrain, 1947, p. 6.
[24] Cf. *infra*, p. 207.
[25] Bedrich Hoffmann, *op. cit.*, p. 386.
[26] *Ibid.*, p. 423. O padre Görsmann morre no campo em 15 de setembro de 1942.
[27] *Ibid.*, p. 383.
[28] *Ibid.*, p. 383.
[29] François Goldschmitt, *op. cit.*, p. 11.
[30] Thierry Knecht, *op. cit.*, p. 64.
[31] *Ibid.*, p. 66.
[32] Bedrich Hoffmann, *op. cit.*, p. 379. Pode-se ouvir o testemunho do padre Albinger, falecido em 1995, no seguinte endereço: itunes.apple.com/de/itunes-u/pfarrer-joseph-albinger-im/id560048865?mt=10 (em alemão).
[33] *Ibid.*, p. 389.
[34] Thierry Knecht, *op. cit.*, p. 63-64.

CAPÍTULO "A MAIOR DIOCESE DA EUROPA"

[1] Bedrich Hoffmann, *op. cit.*, p. 345.
[2] *Ibid.*
[3] Josse Alzin, *Ce petit moine dangereux. Le P. Titus Brandsma, recteur d'université et martyr à Dachau*, Paris, La Bonne Presse, p. 115.
[4] Leo De Coninck, "Dachau, bagne pour prêtres", *Nouvelle Revue Théologique*, n. 67, 1945, p. 443.
[5] Charles Mauroy, *Mes prisons et Dachau*, Namur, Ed. Jacques Godenne, 1946.
[6] Jean Bernard, *Bloc des prêtres 25487*, Luxembourg, éditions Saint-Paul, 2012 (réed.).
[7] Volker Schlöndorff, *O nono dia*, com Ulrich Matthes.
[8] Bedrich Hoffmann, *op. cit.*, p. 329-330.
[9] *Ibid.*, p. 335.
[10] Charles Molette, *L'abbé Pierre de Porcaro, mort à Dachau en 1945*, "L'um de scinquante", Magny-les-Hameaux, Soceval, 2005, p. 73.
[11] François Malley, *Le Père Morelli, de Dachau à Netza*, Paris, Le Cerf, 1986, p. 36.
[12] Jacques Sommet, *L'Honneur de la liberté, entretiens avec Charles Ehlinger*, Paris, Le Centurion, 1987, p. 67.
[13] Georges Henocque, *Dans l'antre de la bête. Fresnes, Buchenwald, Dachau*, Ed. G. Durassié & Cie, 1947, p. 35.
[14] *Ibid.*, p. 37.
[15] Kammerer, *op. cit.*, p. 39-49.
[16] O mais conhecido dos sacerdotes católicos deportados pelos nazistas, o franciscano polonês Maximilien Kolbe, morreu em 14 de agosto de 1941 em Auschwitz.
[17] Acervo privado do padre Louis Valton, arquivos jesuítas da Província da França, Vanves.
[18] Sua mãe, Marguerite, morre em Ravensbrück e sua irmã Renée em uma mina na região da Silésia.
[19] Pierre Harignordoquy, *Un Prêtre basque déporté*, depoimento, Elkar, 2013.
[20] Eloi Leclerc, *Le Soleil se leve sur Assise*, Paris, Desclée de Brouwer, 1999, p. 26.

CAPÍTULO "ORGANIZAÇÃO DO CAMPO"

[1] Eugen Kogon, *op. cit.*, p. 30.
[2] Stanislas Zamecnick, *op. cit.*, p. 93.
[3] Eugen Kogon, *op. cit.*, p. 177.
[4] Stanislas Zamecnick, *op. cit.*, p. 327.
[5] Johann Neuhaüsler, *op. cit.*, p. 15.
[6] *Ibid.*, p. 16.

[7] Eugen Kogon, *op. cit.*, p. 58.
[8] Jean-Jacques Langedorf, *op. cit.*, p. 72.
[9] Durante a guerra, uma unidade militar é formada a partir de elementos dos SS-*Totenkopfverbände*: a 3ª SS-Panzerdivision Totenkopf, cujo comandante é Theodor Eicke. Em um voo de observação acima da frente do leste, em fevereiro de 1943, seu avião é abatido pelos russos.
[10] Rudolf Höss (1900-1947). Condenado à morte por um tribunal polonês, é enforcado em Auschwitz.
[11] Adolf Eichmann (1906-1962) é um dos principais organizadores da deportação dos judeus durante a Segunda Guerra Mundial. Sequestrado na Argentina pelos serviços secretos israelenses, é enforcado em Jerusalém em 1962.
[12] David Cesarini, *Adolf Eichmann*, Paris, Tallandier, 2010, p. 55.
[13] Hans Loritz (1895-1946) também comandará o campo de Sachsenhausen. Preso após a guerra, ele se suicida.
[14] *Ibid.*, p. 341.
[15] Não se conhece com precisão a origem da palavra "*Kapo*". De acordo com uma das hipóteses mais difundidas, ela derivaria do italiano "capo", que significa cabeça ou chefe. Também poderia ser uma contração do alemão "*Kamaradenschaftpolitzei*", ou seja, "polícia dos camaradas".
[16] *Ibid.*, p. 411.
[17] Grégoire Joannatey, "*Récit de ma déportation em Allemagne*", Memórias datilografadas, Abadia Notre-Dame de Belloc, p. 40.
[18] Tornou-se depois um bairro de Munique.
[19] Stanislas Zamecnick, *op. cit.*, p. 337.
[20] Albert Speer (1905-1981). Arquiteto, torna-se ministro do Armamento com a morte de Fritz Todt em 1942. Condenado a 20 anos de prisão pelo Tribunal de Nuremberg.

CAPÍTULO "CHEGADA A DACHAU"

[1] François Goldschmitt, *op. cit.*, p. 53.
[2] Citado em Alexandre Morelli, *Terre de détresse*, Bloud & Gay, 1947, p. 47.
[3] Jacques Sommet, *op. cit.*, p. 69.
[4] Jean Kammerer, *op. cit.*, p. 50.
[5] Maurus Münch, OSB, *Prêtres allemands à Dachau*, Amiens, Fraternité Saint-Benoît, 1973, p. 109.
[6] Entrevista com o autor, 3 de maio de 2014.
[7] Jacques Sommet, *op. cit.*, p. 71.
[8] Bedrich Hoffmann, *op. cit.*, p. 101.
[9] Stanislas Zamecnick, *op. cit.*, p. 195.
[10] Maurus Münch, *op. cit*, p. 101.
[11] Grégoire Joannatey, *op. cit*, p. 66.
[12] Jacques Sommet, *op. cit*, p. 72.
[13] Gérard Pierré, *Témoignage – Huit mois à Dachau*, Angers, Éditions AFMD 49, 2013, p. 28.
[14] Jean Bernard, *op. cit*, p. 13.
[15] *Ibid.*, p. 16.
[16] Gérard Pierré, *op. cit*, p. 30-31.

CAPÍTULO "*BLOCKS E KOMMANDOS*"

[1] Stanislas Zamecnick, *op. cit.*, p. 188.
[2] Bedrich Hoffmann, *op. cit.*, p. 103.
[3] Jean Bernard, *op. cit.*, p. 39.
[4] Maurus Münch, *op. cit.*, p. 82.
[5] Stanislas Zamecnick, *op. cit.*, p. 189.
[6] Bedrich Hoffmann, *op. cit.*, p. 103-104.

[7] Stanislas Zamecnick, *op. cit.*, p. 190.
[8] Bedrich Hoffmann, *op. cit.*, p. 105.
[9] Bedrich Hoffmann, *op. cit.*, p. 113.
[10] Jean Bernard, *op. cit.*, p. 65.
[11] Stefan Biskupski, *op. cit.*, p. 55.
[12] Johann Neuhäusler, *op. cit.*, p. 16.
[13] Martin Weiss (1905-1946) é enforcado ao final de seu processo na prisão de Landsberg-am-Lecht, a oeste de Munique.
[14] Josefa Maria Imma Mack, *Un ange à Dachau. Pourquoi j'aime les azalées*, Paris, Téqui, 2005, p. 38.
[15] O padre Aigner fez inúmeras aquarelas de maçãs e peras. Suas obras foram reunidas em um álbum. Korbinian Aigner, *Äpfel und Birnen, das Gesamtwerk*, Berlin, Mathes und Seitz, 2013.
[16] Leo De Coninck, *op. cit.*, p. 445.
[17] Edmond Michelet, *Rue de la Liberté (Dachau 1943-1945)*, Paris, Le Seuil, Coll. "Livre de vie", réed. 1998, p. 72.
[18] Maurus Münch, *op. cit.*, p. 86.
[19] Grégoire Joannatey, *op. cit.*, p. 73.
[20] Bedrich Hoffmann, *op. cit.*, p. 256.
[21] Pasta SL 435, "*Mobilisés, prisonniers, STO, deportés: 1939-1945*", Arquivos Jesuítas da Província da França, Vanves.
[22] Jacques Sommet, *op. cit.*, p. 80.
[23] Alain-Gilles Minella, *Le Rebelle discipliné*, Entrevistas com o padre Michel Riquet, Paris, Mame, Coll. "Trajectoires", 1993, p. 129.
[24] Grégoire Joannatey, *op. cit.*, p. 74.
[25] Georges Henocque, *op. cit.*, p. 190.

CAPÍTULO "OCUPAÇÕES"

[1] Kazimierz, Majdanski, *op. cit.*, p. 54.
[2] Stanislas Zamenick, *op. cit.*, p. 58.
[3] Edmond Michelet, *op. cit.*, p. 89.
[4] Jean Kammerer, *op. cit.*, p. 83.
[5] Wilhelm Weiss (1892-1950). Sucede, em 1938, a Alfred Rosenberg no posto de redator-chefe do jornal *Völkischer Beobachter*. É condenado, em 1949, a três anos de prisão, mas morre pouco após o início do cumprimento de sua pena.
[6] Maurus Münch, *op. cit.*, p. 110.
[7] Bedrich Hoffman, *op. cit.*, p. 210.
[8] Organização católica caritativa.
[9] Heins Wolff, "Hans Carls", in *Wuppertaler Biographien*, vol. 7, 1967, p. 16-26. O padre Carls foi um dos primeiros a testemunhar sobre sua experiência no campo de Dachau: *Erinnerung eines katholischeb Geistlichen aus der Zeit seiner Gefangenschaft 1941-1945*, Dokumente zur Zeitgeschichte II, éditions J.P. Bachem, Cologne, 1946.
[10] Stanislas Zamenick, *op. cit.*, p. 195.
[11] Pasta SL 435, "*Mobilisés, prisonniers, STO, deportés: 1939-1945*", Arquivos jesuítas da Província da França, Vanves.
[12] Bedrich Hoffman, *op. cit.*, p. 215.
[13] Jean Kammerer, *op. cit.*, p. 96.
[14] *Bulletin de l'Amicale des anciens de Dachau*, março 1957, p. 3.
[15] Cf. *supra*, p. 99.
[16] Bedrich Hoffman, *op. cit.*, p. 261-262.
[17] Edmond Michelet, *op. cit.*, p. 95-96.
[18] P. Marcel Albert, OSB, "Pater Gregor Schwake – Mönch, Musiker und Dichter", in *Heimatpflege in Westfalen*, 2/2005, p. 5. (N. T.: Os escravos aí referidos são os cativos cristãos aprisionados pelos mouros na África e libertados no século XIII.)
[19] Leo De Coninck, *op. cit.*, p. 449.
[20] Kazimierz, Majdanski, *op. cit.*, p. 54.

[21] Entre eles, os opúsculos dos padres François Goldschmitt, Gérard Pierré ou René Fraysse.
[22] Ver Christian Dorrière, *L'Abbé Jean Daligault. Un peintre dans les camps de la mort*, Paris, Le Cerf, Coll. "Épiphanie", 2001.
[23] Edmond Michelet, *op. cit.*, p. 98.
[24] Kazimierz, Majdanski, *op. cit.*, p. 122.
[25] Cf. *infra*, p. 192.
[26] François Goldschmitt, *op. cit.*, p. 65.
[27] Entrevista com o autor, 10 de julho de 2014.
[28] Bedrich Hoffman, *op. cit.*, p. 214.

SEGUNDA PARTE
TERRA DE DESAMPARO

CAPÍTULO "A FOME"

[1] SS-*Wirtschafts-Verwaltungs Hauptamt*: Escritório Central de Economia e Administração.
[2] Eugen Kogon, op. cit., p. 128.
[3] Bedrich Hoffman, *op. cit.*, p. 108.
[4] Leo De Coninck, *op. cit.*, p. 444.
[5] Bedrich Hoffman, *op. cit.*, p. 108.
[6] Jean Bernard, op. cit., p. 27.
[7] Cf. *supra*, p. 84.
[8] Eugen Kogon, *op. cit.*, p. 127.
[9] Bedrich Hoffman, *op. cit.*, p. 125.
[10] Maurus Münch, *op. cit.*, p. 35.
[11] Jean Bernard, *op. cit.*, p. 90.
[12] Bedrich Hoffman, *op. cit.*, p. 123.
[13] Jean Bernard, *op. cit.*, p. 72.
[14] Bedrich Hoffman, *op. cit.*, p. 122.
[15] *Ibid.*, p. 124.
[16] *Ibid.*, p. 122.
[17] Jacques Sommet, *op. cit.*, p. 94.
[18] Stefan Biskupski, *op. cit.*, p. 61.
[19] Cf. *supra*, p. 87.
[20] Cf. *supra*, p. 87.
[21] Stanislas Zamenick, *op. cit.*, p. 278.
[22] Bedrich Hoffman, *op. cit.*, p. 130.
[23] Jean Kammerer, *op. cit.*, p. 75.
[24] Gérard Pierré, *op. cit.*, p. 49.
[25] Gérard Pierré (NDA).
[26] Marcel Dejean, *Avoir vingt ans dans les camps nazis*, éditions Mémoires d'Hommes, p. 55.
[27] Grégoire Joannatey, *op. cit.*, p. 72.

CAPÍTULO "A MORTE EM DACHAU"

[1] Maurus Münch, *op. cit.*, p. 15-45.
[2] Cf. *supra*, p. 115.
[3] Maurus Münch, *op. cit.*, p. 35.
[4] Edmond Michelet, *op. cit.*, p. 221-224.
[5] *Ibid.*, p. 147.
[6] Kazimierz, Majdanski, *op. cit.*, p. 79.
[7] Bedrich Hoffman, *op. cit.*, p. 155.
[8] Leo De Coninck, *op. cit.*, p. 444.

NOTAS

9. O monastério de Bieniszew é ocupado pela *Hitlerjugend* (Juventude Hitlerista) após a ocupação da Polônia. Os prédios são destruídos e os objetos litúrgicos, profanados. Os túmulos dos monges são profanados pelos membros da organização, que espalham as ossadas nas florestas vizinhas.
10. Bedrich Hoffman, *op. cit.*, p. 116.
11. *Ibid.*, p. 121.
12. Maurus Münch, *op. cit.*, p. 33.
13. Johann Neuhäusler, *op. cit.*, p. 39.
14. Stanislas Zamenick, *op. cit.*, p. 329.
15. Eugen Kogon, *op. cit.*, p. 182.
16. Kazimierz, Majdanski, *op. cit.*, p. 133.
17. Stefan Biskupski, *op. cit.*, p. 67.
18. O abade Paul Simon, pároco da igreja Sainte-Anne d'Hendaye, é detido em 10 de junho de 1944. Chega a Dachau no dia 7 de julho daquele ano. Antes da guerra, fora professor do futuro cineasta Georges Lautner na escola secundária Jeanson de Sailly. Eles se tinham reencontrado em Hendaye, onde a família de Lautner se refugiara após o êxodo.
19. Edmond Michelet, *op. cit.*, p. 212.
20. Bernard Py, *Dachau, mon baptême!*, Saint-Paul, 2011, p. 100.
21. Alexandre Morelli, *op. cit.*, p. 56.
22. Véran Cambon de Lavalette, *De la petite Bastide à la résistance et au camp de Dachau*, Paris, L'Harmattan, 2010, p. 147.
23. Maurus Münch, *op. cit.*, p. 23.
24. O padre Zilliken fora detido com o padre Schulz, que também faleceu em Dachau no dia 19 de agosto de 1942.
25. Exceto para os poloneses, russos e judeus não alemães.
26. Jacques Sommet, *op. cit.*, p. 111.

CAPÍTULO "O TIFO"

1. Bedrich Hoffman, *op. cit.*, p. 26.
2. *Ibid.*, p. 149.
3. *Ibid.*, p. 150.
4. *Ibid.*, p. 156.
5. Leo De Coninck, *op. cit.*, p. 449.
6. Relatório do primeiro processo de Dachau, março de 1946, p. 32. Resumo da defesa de Martin Weiss. www.online.unimarburg.de/icwc/dachau/000-050.0002.pdf
7. Relato feito pelo abade Gabriel Grimaud, que foi vigário da paróquia de Saint-Léon de Grenelle, em Paris, com o padre Beauvais. Entrevista com o autor.
8. Joseph Rovan, *Contes de Dachau*, Paris, Julliard, 1987, p. 120.
9. Bedrich Hoffman, *op. cit.*, p. 182.
10. Entrevista com o autor, 10 de julho de 2014.
11. Bernard Py, *op. cit.*, p. 121.
12. *Ibid.*, p. 89.
13. Kazimierz, Majdanski, *op. cit.*, p. 107.
14. Edmond Michelet, *op. cit.*, p. 180.
15. *Ibid.*, p. 204.
16. *Ibid.*, p. 149.
17. Entrevista com o autor, 10 de julho de 2014.
18. Jacques Sommet, *op. cit.*, p. 104.
19. *Ibid.*, p. 106.
20. Stanislas Zamenick, *op. cit.*, p. 406. O número exato de sacerdotes voluntários varia conforme os depoimentos, mas 18 é o mais frequente.
21. Bedrich Hoffman, *op. cit.*, p. 184-185.

CAPÍTULO "O ÓDIO ANTICRISTÃO"

1. Friedrich Nietzsche, *OEuvres complètes*, XIV, *Fragments posthumes 88-89*, Gallimard, 1977, p. 224.
2. René Girard, *Quand ces choses commenceront*, Paris, Arléa, 1994, p. 20.
3. Dietrich Eckart (1868-1923) é um dos fundadores do DAP. Ele morre em 1923, pouco após o *Putsch* da Cervejaria, do qual é um dos participantes. Hitler prestou-lhe uma emocionada homenagem ao final de *Minha luta*.
4. Alfred Rosenberg, *Le Mythe du XXe siècle*, Paris, Avalon, réed. 1986, p. 29.
5. *Ibid.*, p. 69.
6. Santo Agostinho (354-430), bispo de Hipona (atual Annaba, na Argélia), autor de *Confissões*, doutor da Igreja.
7. Alfred Rosenberg, *op. cit.*, p. 67.
8. *Ibid.*, p. 70.
9. Bernard Raymond, *Une Église à croix gammée?*, Lausanne, L'Âge d'Homme, 1990, p. 80.
10. Citado em Ian Kershaw, *op. cit.*, p. 63.
11. "Eu lhes garanto que, se eu quiser, aniquilarei a Igreja em poucos anos", ele teria declarado, segundo Hermann Rauschning, em seu controverso livro *Hitler m'a dit* (éditions Coopération, p. 68).
12. Richard Steigmann-Gall, *Holy Reich, Nazi Conceptions of Christianity: 1919-1945*, Cambridge University Press, 2004, p. 129.
13. *Ibid.*, p. 129-130.
14. *Ibid.*, p. 131.
15. *Ibid.*
16. Jean-Jacques Langendorf, *op. cit.*, p. 84-85.
17. Laurent Olivier, *Nos ancêtres les germains. Les archéologues au service du nazisme*, Paris, Tallandier, 2012, p. 80.
18. Stanislas Zamecnick, *op. cit.*, p. 56.
19. Leo de Coninck, *op. cit.*, p. 445.
20. Geralmente *Kapos* incumbidos da aplicação do regulamento nesses dois espaços.
21. Jacques Sommet, *op. cit.*, p. 95.
22. Relatório datilografado do julgamento de Dachau, p. 63, www.jewishvirtuallibrary.org/jsource/Holocaust/dachautrial/d3.pdf
23. Bedrich Hoffmann, *op. cit.*, p. 119.
24. Jean Bernard, *op. cit.*, p. 72.
25. François Goldschmitt, *op. cit.*, p. 16
26. *Ibid.*, p. 23.
27. Grégoire Joannatey, *op. cit.*, p. 74.
28. Bedrich Hoffmann, *op. cit.*, p. 238.
29. Stanislas Zamecnick, *op. cit.*, p. 163.
30. Kazimierz Majdanski, *op. cit.*, p. 117.
31. Bedrich Hoffmann, *op. cit.*, p. 179.
32. François Goldschmitt, *op. cit* p. 6.
33. Esse episódio é narrado por Leo de Coninck, *op. cit.*, p. 447.
34. Leo de Coninck, *op. cit.*, p. 446.
35. Bedrich Hoffmann, *op. cit.*, p. 264.
36. Relatório datilografado do julgamento de Dachau, *op. cit.*, p. 63.
37. *Ibid.*, p. 141-148.
38. Stanislas Zamecnick, *op. cit.*, p. 193.
39. Bedrich Hoffmann, *op. cit.*, p. 241.
40. Kazimierz Majdanski, *op. cit.*, p. 121.
41. François Goldschmitt, *op. cit.*, p. 13-14.
42. Leo de Coninck, *op. cit.*, p. 446.
43. Os padres Kazimierz Grelewski e Josef Pawlowski foram beatificados por João Paulo II, juntamente com Stefan, o irmão de Kazimierz Grelewski.
44. Cardeal Henri de Lubac, *Résistance chrétienne au nazisme*, Oeuvres complètes XXXIV, Paris, Le Cerf, 2006, p. 120.

CAPÍTULO "AS EXPERIÊNCIAS MÉDICAS"

1. Em seu julgamento, Martin Weiss evoca a visita do *Reichsführer* em 10 novembro de 1942 e sua presença durante experiências com hipotermia.
2. Horace R. Hansen, *Witness to Barbarism*, Thousand Pintree Press, 2002, p. 265.
3. Stanislas Zamecnick, *op. cit.*, p. 293.
4. Stanislas Zamecnick, *op. cit.*, p. 294
5. *Ibid.*, p. 293.
6. Bedrich Hoffmann, *op. cit.*, p. 159.
7. *Ibid.*, p. 294.
8. Horace R. Hansen, *ibid.*, p. 266.
9. Bedrich Hoffmann, *op. cit.*, p. 161
10. Stanislas Zamecnick, *op. cit.* p. 295.
11. Bedrich Hoffmann, *op. cit.*, p. 160.
12. *Ibid.*, p. 160.
13. Stanislas Zamecnick, *op. cit.*, p. 317.
14. Stanislas Zamecnick, *op. cit.*, p. 321.
15. Kazimierz Majdanski, *op. cit.*, p. 92-93.
16. Jean Bernard, *op. cit.*, p. 94.
17. Futuro historiador de Dachau.
18. Os padres Jaroslav Zamecnick, Stanislaw Kolodziej, Tomasz Lis, Marian Konopinski, Ludwig Lesniewicz, Jozef Kocot, Czeslaw Sejbuk, Stanislaw Bukowy, Mieczyslaw Janecki, Marian Stopczak e o pastor Jan Willem Tundermann.
19. Testemunho do padre Michalowski no julgamento dos médicos em Nuremberg, 21 de dezembro de 1946, www.ushmm.com.
20. Stanislas Zamecnick, *op. cit.*, p. 302.

CAPÍTULO "TRANSPORTE DE INVÁLIDOS"

1. Bedrich Hoffmann, *op. cit.*, p. 178.
2. Cf. *supra*, p. 41.
3. Viktor Brack (1904-1948). Condenado à morte no julgamento dos médicos em Nuremberg. Executado por enforcamento na prisão de Landsberg am Lech.
4. Thierry Knecht, *op. cit.*, p. 63.
5. Friedrich Mannecke (1904-1947). Morre em sua cela em Butzbach antes do final de seu julgamento.
6. Peter Chroust, *Friedrich Mennecke. Innenansichten eines medizinischen Täters im Nationalsozialismus. Eine Edition seiner Briefe 1935-1947*, Hamburgo, Forschungsberichte des Hamburger Instituts für Sozialforschung, 1988.
7. Rudolf Lonauer (1907-1945). Ele mata a esposa e as duas filhas antes de tirar a própria vida em Neuhofen an der Krems, algumas horas antes da chegada dos Aliados.
8. "*Gemeinnützige Krankentransportgesellschaft*": "Companhia de Utilidade Pública de Transporte de Doentes".
9. Eufemismo que designa a morte nos centros de eutanásia.
10. Dominique Aubert-Masson, *op. cit.*, p. 287-289.
11. Bedrich Hoffmann, *op. cit.*, p. 160.
12. Stanislas Zamecnick, *op. cit.*, p. 239.
13. Esse nome aparece nas listas estabelecidas por Bedrich Hoffmann, mas não consta nas outras bases de dados relativas aos religiosos deportados a Dachau.
14. Citado em René Fraysse, *De Francfort à Dachau, Souvenirs et croquis*, Annonay, éditions du Vivarais, réed. 1980, p. 36.
15. Relatório datilografado do julgamento de Dachau, *op. cit.*, p. 63.
16. O relato do padre Horky é reproduzido in Bedrich Hoffmann, *op. cit.*, p. 167-169.
17. "Aqueles que vão morrer". Alusão à frase pronunciada pelos gladiadores antes do combate: "Ave César, aqueles que vão morrer te saúdam".

18 Leo de Coninck, *op. cit.*, p. 451.
19 Stanislas Zamecnick, *op. cit.*, p. 241.
20 Relatório datilografado do julgamento de Dachau, *op. cit.*, p. 84.
21 Atualmente Diocese de Dresden-Meissen.
22 Stanislas Zamecnick, *op. cit.*, p. 239-240.
23 Edmond Michelet, *op. cit.*, p. 85.
24 René Fraysse, *op. cit.*, p. 64.
25 Stanislas Zamecnick, *op. cit.*, p. 332.

TERCEIRA PARTE
UM LAR ESPIRITUAL

CAPÍTULO "UMA CAPELA EM DACHAU"

1 Stanislas Zamecnick, *op. cit*, p. 188.
2 Leo De Coninck, *op. cit.*, p. 448.
3 Trata-se do padre Gustav Spitzig, monge beneditino da abadia de St. Ottilien, que vivia com os trapistas de Engelszell (cf. François Goldschmitt, *op. cit.*, p. 43).
4 Gabriel Piguet, *Prison et déportation. Témoignage d'un évêque français*, Paris, éditions Spes, 1947, p. 101.
5 François Goldschmidt, *op. cit.*, p. 43.
6 Bedrich Hoffmann, *op. cit.*, p. 256. Atualmente a estátua está no carmelo de Dachau.
7 Stanislas Zamecnick, *op. cit.*, p. 189.
8 Bedrich Hoffman, *op. cit.*, p. 250.
9 Leo De Coninck, *op. cit.*, p. 449.
10 Bedrich Hoffmann, *op. cit.*, p. 261.
11 Joseph Rovan, *op. cit.*, p. 136.
12 Edmond Michelet, *op. cit.*, p. 205.
13 Bernard Py, *op. cit.*, p. 71.
14 Joseph Rovan, *op. cit.*, p. 140.
15 Marcel Dejean, *op. cit.*, p. 54.

CAPÍTULO "A EUCARISTIA"

1 Constituição dogmática *Lumen Gentium* do Concílio Vaticano II (n° 11).
2 *Catecismo da Igreja Católica*, art. 1333.
3 Abbé Portier, *L'Eucharistie, pain de vie*, Bruxelas, Éditions Saint-Bernard, 1989, p. 56-57.
4 Bedrich Hoffmann, *op. cit.*, p. 252.
5 Leo de Coninck, *op. cit.*, p. 448.
6 Stanislas Zamecnick, *op. cit.*, p. 191.
7 Stefan Biskupski, *op. cit.*, p. 54.
8 Bedrich Hoffmann, *op. cit.*, p. 254.
9 *Ibid.*, p. 171.
10 *Ibid.*, p. 254.
11 André Philip, M. Mutel, o.s.m., Peter Freeman, *Cérémonial de la Sainte Messe à l'usage ordinaire des paroisses*, Perpignan, Artège, 2010, p. 108.
12 Josefa Maria Imma Mack, *op. cit.*, p. 24 e 32.
13 Kazimierz Majdanski, *op. cit.*, p. 113.
14 François Goldschmitt, *op. cit.*, p. 47.
15 *Ibid.*, p. 93.
16 René Fraysse, *op. cit.*, p. 46.
17 François Goldschmitt, *op. cit.*, p. 47.
18 Jean Kammerer, *op. cit.*, p. 64.
19 Jacques Sommet, *op. cit.*, p. 75.

[20] *Ibid.*, p. 108.
[21] Gérard Pierré.
[22] Marcel Dejean, *op. cit.*, p. 54.
[23] Alexandre Morelli, *op. cit.*, p. 71-72.
[24] Leo de Coninck, *op. cit.*, p. 49.
[25] A figura de Tarcísio é associada a várias personalidades de Dachau. O padre Jakob Ziegler, morto em 12 de maio de 1944, foi apelidado dessa forma por seu amigo, o padre Leopold Arthofer, a quem ele trazia a comunhão embalada no jornal *Völkischer Beobachter* quando estava acamado na enfermaria por causa de uma pneumonia. Josefa Maria Imma Mack foi, por sua vez, batizada de "Tarcísia" pelo cardeal Von Faulhaber.
[26] Joseph Rovan, *op. cit.*, p. 137.
[27] Bernard Py, *op. cit.*, p. 117.

CAPÍTULO "A VIDA SACRAMENTAL"

[1] Catecismo da Igreja Católica, art. 1210.
[2] Depois da guerra, muitos ex-deportados terão seus casamentos celebrados por seus companheiros de prisão. É o caso de Pierre Metzger, casado pelo padre Jules Anneser, ou de Bernard Py, casado pelo padre Michel Riquet.
[3] René Fraysse, *op. cit.*, p. 46.
[4] Bedrich Hoffmann, *op. cit.*, p. 252.
[5] Maurus Münch, *op. cit.*, p. 23.
[6] Cf. *supra*, p. 140.
[7] Bedrich Hoffmann, *op. cit.*, p. 185.
[8] Joseph Rovan, *op. cit.*, p. 203.
[9] Cf. *supra*, p. 37.
[10] Gabriel Piguet, *op. cit.*, p. 102.
[11] Josefa Maria Imma Mack, *op. cit.*, p 46-48. Monsenhor Piguet dá outra versão sobre a origem dessa autorização e diz que o documento chegou ao campo por intermédio do pároco de Dachau. Mas o relato de Josefa Maria Imma Mack é bem documentado e não foi desmentido pelos protagonistas.
[12] Gabriel Piguet, *op. cit.*, p. 103.
[13] François Goldschmitt, *op. cit.*, p. 43.
[14] René Lejeune, *Le prisonnier du bloc 26. Bienheureux Karl Leisner, martyr du nazisme*, Paris, Téqui, p. 107.
[15] Gabriel Piguet, *op. cit.*, p. 104.
[16] *Ibid.*, p. 105.
[17] Gabriel Piguet, *op. cit.*, p. 105.
[18] René Lejeune, *op. cit.*, p. 108.
[19] Outra hipótese levantada é a de que a transferência do Monsenhor Piguet para o *bunker* de honra seria uma sanção decorrente da ordenação de Karl Leisner (Jean Kammerer, *op. cit.*, p. 109).
[20] O general Delestraint é assassinado com um tiro na nuca em 19 de abril de 1945, pouco depois de ter assistido à missa do Monsenhor Piguet. Seu corpo é cremado em seguida.
[21] Martin Niemöller, *Cellule 34, une communauté dans les liens. Six exhortations aux détenus de Dachau*, Genève, Fidès, 1947.

CAPÍTULO "A LIBERTAÇÃO"

[1] Jacques Sommet, *op. cit.*, p. 113.
[2] Edmond Michelet, *op. cit.*, p. 227.
[3] Stanislas Zamecnick, *op. cit.*, p. 416.
[4] Bedrich Hoffmann, *op. cit.*, p. 262.

5 Maurus Münch, *op. cit.*, p. 78. O padre Neunzig falece em 1965 em um acidente de carro sofrido no momento em que ele se dirigia a Dachau para reencontrar uma centena de religiosos que haviam sido prisioneiros lá.
6 *Ibid.*, p. 51.
7 *Ibid.*, p. 54.
8 Ravensbrück é liberado no dia seguinte e Mauthausen, em 5 de maio.
9 Como o irmão Eloi Leclerc ou o padre Harignordoquy. Cf. *supra*, p. 55.
10 *In* Maurus Münch, *op. cit.*, p. 70.
11 Gabriel Piguet, *op. cit.*, p. 139.
12 Bedrich Hoffmann, *op. cit.*, p. 279.
13 Esse relato é encontrado em Edmond Michelet (*op. cit.*, p. 232-233). Joseph Rovan adiciona um quarto protagonista: o motorista do jipe, um homem negro (*op. cit.*, p. 230). O relato de Stanislaw Zamecnick diverge dos outros: ele menciona dois jornalistas, dentre eles Margaret Higgins, um tenente da 42ª divisão chamado Cowling e o motorista (*op. cit.*, p. 434).
14 Bedrich Hoffmann, *op. cit.*, p. 280.
15 Stanislaw Zamecnick, *op. cit.*, p. 434.
16 Joseph Rovan, *op. cit.*, p. 232.
17 Kazimierz Majdanski, *op. cit.*, p. 145.
18 René Fraysse, *op. cit.*, p. 70.
19 Jacques Sommet, *op. cit.*, p. 111.
20 Kazimierz Majdanski, *op. cit.*, p. 147.
21 Alexandre Morelli, *op. cit.*, 1947, p. 29.
22 Joseph Rovan, *op. cit.*, p. 210.
23 Stanislas Zamecnick, *op. cit.*, p. 436.
24 Joseph Rovan, *op. cit.*, p. 241.
25 Acervo pessoal do padre Michel Riquet, arquivos jesuítas da Província da França, Vanves.
26 Bedrich Hoffmann, *op. cit.*, p. 263.
27 *Ibid.*, p. 280-281.
28 Jean Rodhain (1900-1977), fundador do Socorro Católico em 1946.
29 René Fraysse, *op. cit.*, p. 71-72.
30 Edmond Michelet, *op. cit.*, p. 242.
31 Joseph Rovan, *op. cit.*, p. 235.
32 Entrevista com o autor, 3 maio de 2014.
33 Stanislas Zamecnick, *op. cit.*, p. 436.
34 Kazimierz Majdanski, *op. cit.*, p. 150-151. Kazimierz Majdanski voltará à Polônia em 1949. Nesse meio-tempo, ele passa um longo período em uma casa de convalescência de Berck, na França, ocasião na qual ele garante o acompanhamento espiritual dos prisioneiros de guerra alemães empregados na retirada das minas da Muralha do Atlântico.
35 Como Bedrich Hoffmann, Francis Stverak, Theodor Korcz, Zygmunt Wiecki ou Hubert Kaminski (ver Bedrich Hoffmann, *op. cit.*, p. 281-284).

CAPÍTULO "OS FRUTOS DE DACHAU"

1 Leo de Coninck, *op. cit.*, p. 443.
2 Jacques Sommet, *op. cit.*, p. 90.
3 René Fraysse, *op. cit.*, p. 40.
4 Beneditinos, dominicanos e franciscanos.
5 Gabriel Piguet, *op. cit.*, p. 81.
6 *Ibid*, p. 79.
7 Bedrich Hoffmann, *op. cit.*, p. 259.
8 Leo de Coninck, *op. cit.*, p. 452.
9 Cf. *supra*, p. 140.
10 Jacques Sommet, *op. cit.*, p. 142.

11 Leo de Coninck, *op. cit.*, p. 449.
12 Grégoire Joannatey, *op. cit.*, p. 71.
13 Jean Kammerer, *op. cit.*, p. 92 e Bedrich Hoffmann, *op. cit.*, p. 216.
14 Gabriel Piguet, *op. cit.*, p. 117.
15 Jacques Sommet, *op. cit.*, p. 143.
16 Leo De Coninck, "Les conversations de Dachau", *Nouvelle Revue Théologique*, n° 67, 1945, p. 443.
17 Maurus Münch, *op. cit.*, p. 93.
18 Bedrich Hoffmann, *op. cit.*, p. 298.
19 Jean Kammerer, *op. cit.*, p. 109.
20 Maurus Münch, *op. cit.*, p. 93.
21 Gabriel Piguet, *op. cit.*, p. 15.
22 René Fraysse, *op. cit.*, p. 41.
23 Grégoire Joannatey, *op. cit.*, p. 72.
24 Citado *in* François Malley, *op. cit*, p. 33.
25 Gabriel Piguet, *op. cit.*, p. 116.
26 Leo De Coninck, "Les conversations de Dachau", *op. cit.*, p. 565.
27 A história de seu percurso na China é relatada *in* Alain Van Gaver, *J'ai été condamné à la liberté*, Paris, Le Centurion, 1953.
28 *Bulletin de l'Amicale des anciens de Dachau*, março 1957, p. 4.
29 Homilia do abade Gabriel Grimaud para as exéquias do abade Robert Beauvais, Paris, Saint-Léon de Grenelle, 30 de junho de 1997.
30 Jacques Sommet, *op. cit.*, p. 126.
31 Alain-Gilles Minella, *op. cit.*, p. 136.
32 Maurus Münch, *op. cit.*, p. 115.
33 Jean Kammerer, *op. cit.*, p. 140-143.
34 Kazimierz Majdanski, *op. cit.*, p. 134.
35 *Ibid.*, p. 174.
36 Dentro do campo são erguidos uma capela e um carmelo católicos, uma capela ortodoxa, uma igreja protestante e um memorial judaico.

CAPÍTULO "TESTEMUNHAS E BEM-AVENTURADOS"

1 Edmond Michelet, *op. cit.*, p. 77.
2 Bruno Bettelheim, *Le Coeur conscient*, Paris, Le Livre de Poche, coll. Pluriel, 1977, p. 50.
3 *Ibid.*, p. 115.
4 Jean Kammerer, *op. cit.*, p. 67.
5 Bedrich Hoffmann, *op. cit.*, p. 204.
6 Jean Kammerer, *op. cit.*, p. 102, ou Edmond Michelet, *op. cit.*, p. 114.
7 Jean Kammerer, *op. cit.*, p. 79.
8 Leo De Coninck, "Les conversations de Dachau", *op. cit.*, p. 561. Essas afirmações não se dirigem ao julgamento do padre Kammerer, escrito muito depois da publicação do artigo do padre De Coninck.
9 Citado por Kazimierz Majdanski, *op. cit.*, p. 124 e pelo cardeal Mauro Piacenza, prefeito da Congregação para o Clero, durante um discurso para os padres da arquidiocese de Los Angeles em outubro de 2011. Fonte original não identificada.
10 Jean Bernard, *op. cit.*, p. 54.
11 Primo Levi, *Si c'est un homme*, Paris, Pocket, réed. 1988, p. 73.
12 Bruno Bettelheim, *op. cit.*, p. 151.
13 René Fraysse, *op. cit.*, p. 24.
14 Kazimierz Majdanski, *op. cit.*, p. 95.
15 *Ibid.*, p. 115.
16 Jacques Sommet, *op. cit.*, p. 110.

[17] Kazimierz Majdanski, *op. cit.*, p. 79.
[18] Maurus Münch, *op. cit.*, p. 35.
[19] Kazimierz Majdanski, *op. cit.*, p. 118.
[20] Charles Molette, *op. cit.*, p. 121. Essa expressão aparece também nas memórias de Grégoire Joannatey, *op. cit.*, p. 70.
[21] Primo Levi, *op. cit.*, p. 99.
[22] Bernard Py, *op. cit.*, p. 112.
[23] Alexandre Morelli, *op. cit.*, p. 16.
[24] Hans Jonas, *Le concept de Dieu après Auschwitz*, Paris, Rivages, 1994.
[25] Alexandre Morelli, *op. cit.*, p. 63-64.
[26] Jacques Julliard, *Le choc Simone Weil*, Paris, Flammarion, 2014, p. 38.
[27] Maurice Le Bas, *Pierre de Porcaro, prêtre-ouvrier (STO) mort à Dachau*, Paris, Lethielleux, 1948, p. 157.
[28] Edmond Michelet, *op. cit.*, p. 190.
[29] Testemunho do abade Gabriel Grimaud.
[30] Cf. *supra*, p. 207.
[31] Cf. *supra*, p. 42.
[32] Cf. *supra*, p. 22.
[33] Cf. *supra*, p. 23.
[34] A página www.selige-kzdachau.de, continuamente alimentada, registra com precisão documentos de todos os eclesiásticos perseguidos em Dachau.

CONCLUSÃO

[1] Kazimierz Majdanski, *op. cit.*, p. 174.

FONTES

BIBLIOGRAFIA

Actes et documents du Saint-Siège relatifs à la Seconde Guerre mondiale, t. 3, Libreria Editrice Vaticana, 1967.
ALZIN Josse, *Ce petit moine dangereux. Le P. Titus Brandsma, recteur d'université et martyr à Dachau*, Paris, La Bonne Presse, 1954.
ANÔNIMO, *The Persecution of the Catholic Church in the Third Reich. Facts and Documents*, Pelican Publishing Company, 2003.
AUBERT-MASSON Dominique, *Histoire de l'eugénisme*, Paris, Ellipses, 2010.
BERNARD Jean, *Bloc des prêtres 25487*, Luxembourg, éditions Saint-Paul, 2012 (réed.).
BETTELHEIM Bruno, *Le Coeur conscient*, Paris, Le Livre de Poche, coll. "Pluriel", 1977.
BISKUPSKI Stefan, *Un Évêque martyr. Mgr Michal Kozal*, Vanves, Imprimerie Franciscaine Missionnaire, 1946.
CAMBON DE LAVALETTE Véran, *De la Petite Bastide à la Résistance et au camp de Dachau*, Paris, L'Harmattan, 2010.
CARLS Hans, *Erinnerung eines katholischen Geistlichenaus der Zeit seiner Gefangenschaft 1941-1945*, Dokumente zur Zeitgeschichte II, éditions J.P. Bachem, Cologne, 1946.
CESARINI David, *Adolf Eichmann*, Paris, Tallandier, 2010.
CHROUST Peter, *Friedrich Mennecke. Innenansichten eines medizinischen Täters im Nationalsozialismus. Eine Edition seiner Briefe 1935-1947*, Hambourg, Forschungsberichte des Hamburger Instituts für Sozialforschung, 1988.
DEJEAN Marcel, *Avoir vingt ans dans les camps nazis*, Paris, éditions Mémoire d'Homme, 1998.
DENIS Jean, *Camp de Dachau-Allach matricule 73350*, À compte d'auteur, 2011.
DORRIÈRE Christian, *L'abbé Jean Daligault. Un peintre dans les camps de la mort*, Paris, Le Cerf, coll. "Épiphanie", 1999.
FRAYSSE René, *De Francfort à Dachau, Souvenirs et croquis*, Annonay, éditions du Vivarais, 1980 (réed.).

Girard René, *Quand ces choses commenceront*, Paris, Arléa, 1994.
Goldschmitt François, *Alsaciens et Lorrains à Dachau, t. 4: Le Bon Dieuau K.Z.*, Metz, éd. Le Lorrain, 1947.
Hansen Horace R., *Witness to Barbarism*, Thousand Pintree Press, 2002.
Harignordoquy Pierre, *Un Prêtre basque déporté*, témoignage, Elkar, 2013.
Henocque Georges, *Dans l'antre de la bête. Fresnes, Buchenwald, Dachau*, éd. G. Durassié & Cie, 1947.
Hoffmann Bedrich, *And who will kill you…*, Pallotinium, 1994 (réed.).
Jonas Hans, *Le concept de Dieu après Auschwitz*, Paris, Rivages,1994.
Kammerer Jean, *La Baraque de sprêtres à Dachau*, Paris, Brépols, 1995.
Kershaw Ian, *Hitler*, Paris, Gallimard, coll. "Folio Histoire", 1995.
Kogon Eugen, *L'État SS. Le système des camps de concentration allemands*, Paris, Le Seuil, coll. "Points", 1993 (réed.).
Knecht Thierry, *Mgr von Galen, l'évêque qui a défié Hitler*, Paris, Parole et Silence, Cahiers de l'école cathédrale, 2007.
Kreissler Félix, *La prise de conscience de la nation autrichienne. 1938-1945-1978*, Paris, Presses universitaires de France, 1988.
La Martinière Joseph de, *Mon témoignage de déporté NN*, Lignères de Touraine, B. Le Fournier, t. 5, 1992.
Langendorf Jean-Jacques, *La SS. Un État dans l'État*, Gollion, Infolio éditions, coll. "Illico", 2008.
Le Bas Maurice, *Pierre de Porcaro, prêtre-ouvrier (STO) mort à Dachau*, Paris, Lethielleux, 1948.
Leclerc Eloi, *Le soleil se lève sur Assise*, Paris, Desclée de Brouwer, 1999.
Lenz Johannes Maria, *Christus in Dachau. Priesterlebnisse in KZ*, Vienne, 1956.
Levi Primo, *Si c'est un homme*, Paris, Pocket, 1988 (réed.).
Lossin Eike, *Katholische Geistliche in nazionalsozialistichen Konzentrationlagern*, ed. Koenigshausen Neumann, 2011.
Lubac Cardinal Henri de s.j., *Résistance chrétienne au nazisme*, Œuvres complètes XXXIV, Paris, Le Cerf, 2006.
Mack Josefa Maria Imma, *Un Ange à Dachau. Pourquoi j'aime les azalées*, Paris, Téqui, 2005.
Malak Henryk Maria, *Shavelings in the death Camps, A Polish Priest's Memoir of Imprisonment by the Nazis, 1939-1945*, Jefferson, McFarland, 2012.
Mauroy Charles, *Mes prisons et Dachau*, Namur, éd. Jacques Godenne, 1946.
Malley François, *Le père Morelli, de Dachau à Netza*, Paris, Le Cerf, 1986.
Michelet Edmond, *Rue de la Liberté (Dachau 1943-1945)*, Paris, Le Seuil, coll. "Livre de vie", 1998 (réed.).
Minella Alain-Gilles, *Le Rebellediscipliné*, Entretiens avec le père Michel Riquet, Paris, Mame, coll. "Trajectoires", 1993.
Morelli Alexandre, *Terre de détresse*, Bloud & Gay, 1947.
Münch Maurus, o.s.b., *Prêtres allemands à Dachau*, Amiens, Fraternité Saint-Benoît, 1973.
Neuhaüsler Johann, *Comment était-ce Dachau? Humbles approches de la vérité*, Administration du monument expiatoire du Camp de concentration de Dachau, Dachau, 1980 (5. éd.).
Niemöller Martin, *Cellule 34, une communauté dans les liens. Six exhortations aux détenus de Dachau*, Genève, Fidès, 1947.
Olivier Laurent, *Nos ancêtreslesgermains. Les archéologues au service du nazisme*, Paris, Tallandier, 2012.
Piguet Gabriel, *Prison et déportation. Témoignage d'unévêque français*, Paris, éditions Spes, 1947.
Py Bernard, *Dachau, mon baptême!*, Saint-Paul, 2011.
Pierré Gérard s.j., *Témoignage. Huit mois à Dachau*, Angers, éditions AFMD 49, 2013.
Portier Abbé, *L'Eucharistie, pain de vie*, Bruxelles, éditions Saint-Bernard, 1989.
Raymond Bernard, *Une Église à croix gammée?*, Lausanne, L'Âge d'Homme, 1990.
Riquet Michel S.J., *Chrétiens de France dansl'Europe enchaînée*, Paris, éditions SOS, 1973.
Rosenberg Alfred, *Le Mythe du xxe siècle*, Paris, Avalon, 1986 (réed.).

Rotte Ralph, *Die Aussen – une Friedenspolitik des Heiligen Stuhls: eine Einführung*, VS Verlag für Sozialwissenschaften, 2007.
Rovan Joseph, *Contes de Dachau*, Paris, Julliard, 1987.
Schoenbaum David, *La Révolution brune. La société allemande sous le IIIe Reich*, Paris, Gallimard, coll. "Tell", 2000 (réed.).
Sommet Jacques S.J., *L'Honneur de laliberté*, entretiens avec Charles Ehlinger, Paris, Le Centurion, 1987.
Steigmann-Gall Richard, *Holy Reich, Nazi Conceptions of Christianity: 1919-1945*, Cambridge University Press, 2004.
Zamecnick Stanislas, *C'était ça, Dachau (1933-1945)*, Paris, Le Cherche Midi, 2003.
Zeller Bernard, *Le vrai visage d'Edmond Michelet*, Versailles, Via Romana, 2012.

ESTUDOS E ARTIGOS

Alberts Marcel, o.s.b., *"Pater GregorSchwake – Mönch, Musiker und Dichter"*, in *Heimatpflege in Westfalen*, 2/2005.
De Coninck Leo, "Dachau, bagne pour prêtres", *Nouvelle Revue Théologique*, n° 67, 1945. – "Les conversations de Dachau", *Nouvelle Revue Théologique*, n° 67, 1945.
Spenkuch Jörg L., Tillman Philipp, *"Elite Influence? Religion, Economics, and the Rise of the Nazis"*, Kellog Schoolof Management, Northwestern University – Department of economics, University of Chicago, 2014.
Wollf Heins, *"Hans Carls"*, in *Wuppertaler Biographien*, vol.7, 1967.

FILME

Schlöndorff Volker, *Le Neuvième Jour*, 2004, com Ulrich Matthes.

ARQUIVOS

Bulletin de l'Amicale des Anciens de Dachau.
Relatório do primeiro julgamento de Dachau, março de 1946, documento datilografado.
Relatório do julgamento dos médicos em Nuremberg, www.ushmm.org
Acervo pessoal do padre Louis Valton, arquivos jesuítas da Província da França, Vanves.
Acervo pessoal do padre Michel Riquet, arquivos jesuítas da Província da França, Vanves.
Pasta SL 435, *"Mobilisés, prisonniers, STO, deportes: 1939-1945"*, Arquivos Jesuítas da Província da França, Vanves.
"Récit de ma déportation en Allemagne", Memórias datilografadas do padre Grégoire Joannatey, Abadia Notre-Dame de Belloc, p. 40.

AGRADECIMENTOS

As primeiras pessoas a quem gostaria de agradecer pelo auxílio decisivo na redação deste livro são:
O padre Gérard Pierré, S.J., matrícula 114624.
Pierre Metzger, matrícula 113853.
Ambos sobreviventes do pavilhão 26, eles doaram seu tempo para me receber e humildemente me confiaram seus testemunhos e seus arquivos. Sua acolhida foi uma honra para mim.
Gostaria de expressar também toda minha gratidão aos padres Robert Bonfils, S.J.; Henri Madelin, S.J.; Alban Massié, S.J.; Gabriel Grimaud; Christian Venard; ao irmão Marc Doucé, da abadia de Belloc; a Dominique Boueilh, presidente da *Amicale des anciens déportés de Dachau* (Associação de ex-deportados de Dachau); a Luc Adrian, Xavier de Bartillat; Stéphanie Berson; Isabelle Bouche; Marie-Clarté Cart; Maëva Duclos; Dominique Missika; Aymeric Pourbaix; Gabriel e Falk Van Gaver; Monika Deutert; Michèle Jubeau-Denis; Jean-Louis Thiériot; e meus pais, Isabelle de Rohozinski e Bernard Zeller.

O AUTOR

Guillaume Zeller é jornalista, formado em História e Comunicação na Sciences Po. É diretor no Canal+, rede de televisão francesa, e foi diretor na iTélé, também um canal de televisão da França, além de redator-chefe na DirectMatin.fr. É autor de *Oran, 5 juillet 1962*, sobre a guerra na Argélia, e coautor de *Un prêtre à la guerre*.

Cadastre-se no site da Contexto
e fique por dentro dos nossos lançamentos e eventos.
www.editoracontexto.com.br

Formação de Professores | Educação
História | Ciências Humanas
Língua Portuguesa | Linguística
Geografia
Comunicação
Turismo
Economia
Geral

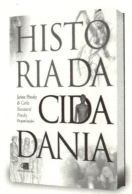

Faça parte de nossa rede.
www.editoracontexto.com.br/redes

editora contexto
Promovendo a Circulação do Saber

GRÁFICA PAYM
Tel. [11] 4392-3344
paym@graficapaym.com.br